달라지는 뉴스 제목
알맹이가 안 보여요

제목 유형의 정의와 실제 분석

탐구당

달라지는 뉴스 제목 알맹이가 안 보여요

제목 유형의 정의와 실제 분석

2010년 5월 27일 인쇄
2010년 5월 31일 발행

저　　자 | 김 진 원
발 행 자 | 홍 정 수
편　　집 | 강 윤 성
디 자 인 | 김진희, 우제연, 전명숙

발 행 처 | 탐 구 당
출판등록 | 1950. 11. 1 서울 제03-00993호
주　　소 | 서울특별시 용산구 한강로 1가 158번지
전　　화 | 02-3785-2211 · 2212
팩　　스 | 02-3785-2272
www.tamgudang.co.kr

제작 · 판매처 | 도서출판 산악문화
출판등록 | 제6-105호(1990.06.27)
주　　소 | 서울시 금천구 가산동 505-14 코오롱 디지털타워 애스턴 301호
전　　화 | 02-2082-8833
팩　　스 | 02-2082-8822
www.mountainkorea.com

책값 12,000원
ISBN 978-89-6499-000-1 03070

*이 책은 삼성언론재단의 지원을 받아 출간되었습니다.

달라지는 뉴스 제목

알맹이가 안 보여요

제목 유형의 정의와 실제 분석

머 리 말

그리 오래되지 않은 지난날 사람들은 논쟁의 끝을 대략 신문에서 찾곤 하였습니다.

“일본에서는 세라믹으로 만든 칼이 인기라던데…”

“어허 무슨 말도 안되는 소리! 세라믹으로 어떻게 칼을 만드나?”

이렇게 말싸움을 하다가도 누군가가 “오늘 아침 신문에 그런 기사가 났던걸… 일본 교세라에서 만드는 세라믹 칼이 인기래” 하면 그걸로 끝이었지요. 굳이 야채 가게에 가서 물어볼 것도 없었습니다.

요즘 같으면 어떨까요? 아마 이런 반응이 나오지 않을까요?

“에이… 신문에 난 걸 어떻게 믿나!”

설마 이 정도까지라고는 믿고 싶지 않지만, 아무튼 신문의 신뢰도가 예전에 비하여 뚝 떨어진 건 맞는 것 같습니다.

신문의 신뢰도에 구멍이 숭숭 뚫리기 시작한 건 온라인, 특히 인터넷이 발달하면서부터가 아닐까요? 오프라인 미디어의 소식에만 의존하던 시절에는 일방적으로 전달되어지는 신문이나 라디오, 텔레비전 뉴스의 기사가 유일한 정보 창구였고, 달리 소식을 들을 만한 통로가 없었지요. 그러던 것이 인터넷이 급속도로 발전하기 시작하면서 신문이나 방송에 나오는 기사에 대하여 곳곳에서 딴죽을 걸고 나오게 된 겁니다. 사실 확인이 미처 덜 된 부분도 있을 것이고, 전문 분야에 대한 기자들의 지식 부족 때문일 수도 있겠지요.

게다가 신문이나 방송 매체 또한 엄청나게 많아졌습니다. 오프라인 매체 없이 인터넷으로만 발행하는 미디어까지 치면 이루 헤아릴 수 없을 정도이지요. 그렇게 어마어마하게 많은 매체의 수없이 많은 기자들이 서로 경쟁적으로 글을 써대다 보니 오류도 점점 많아질 수밖에요.

오프라인 신문과 달리 클릭이 매출로 연결되는 인터넷 뉴스 매체에서는 기사 내용도 내용이지만 제목이 더욱 중요한 역할을 하게 됩니다. 어떻게든 기사 내용을 읽게 만들기 위하여 제목은 점점 더 정도를 벗어나게 됩니다.

많은 이들이 인터넷 뉴스를 보면서 불만을 토해 냅니다.

"에이, 오늘도 또 낚였네 ㅠㅠ"

사람들은 제목을 보면서 일단 경계부터 하게 됩니다.

이거 진짜일까? 제목에 있는 그대로 믿어도 되나?

제목에 대한 불신이 뉴스 내용으로까지 이어지는 것은 아닌지 늘 조마조마하기만 합니다.

독자들은 제목 뒤에 숨어 있는 진짜 뜻을 찾아내기 위하여 머리를 돌리고, 편집기자들, 특히 인터넷 뉴스 편집기자들은 핵심 내용을 베일에 가리기는 가리되, 그러면서도 실마리를 살짝 드러내 보이기 위하여 머리를 쥐어짭니다. 편집기자들은 자신의 제목이 결코 '낚시'가 되기를 원치 않습니다. 대형 마트에서 파는 미끼 상품이기를 바랍니다. 미끼 상품에 혹해 마트에 들어왔다 다른 것도 더 사 가길 원할 뿐입니다. 없는 내용을 가지고 있는 척하는 것이 아니라, 잘 보이지 않는 곳에 감추어져 있는 것을 캐내어 독자들 눈에 띄도록 내보이고자 합니다. 한 쪽 구석에 '숨어 있던 귀중한 보석'을 '발견'하여 앞으로 끄집어내어 클릭 수가 올라가고 반향이 울려 퍼지면 편집기자는 쾌재를 부르지요. 그러나 그것이 나중에 알고 보니 진짜로 쓸모가 없고 중요하지도 않아 원래 놓여 있던 귀퉁이에나 조용히 처박혀 있었어야 어울리는 내용이었다면? 꼼짝없이 '낚시'라는 오명을 뒤집어쓸 수밖에요.

머리말

이 책에서는 우선 실제 뉴스 편집에서 어떤 유형의 제목이 많이 쓰이고 있는지를 분석해 볼 것입니다. 오프라인 신문과 그 오프라인 신문의 인터넷 매체인 '온라인 신문' 에서 쓰인 뉴스 제목 6000여 개를 일일이 유형별로 분석하여 그 실체를 드러내 보여 줄 것입니다. 이러한 분석은 기존에 필자의 석사 학위 논문용으로 이미 해 놓은 것입니다. 이 책에서는 그 학위 논문의 내용에 덧붙여 논문에서 못다 한 좀 더 구체적인 분석과 함께 제목의 유형에 대하여 조목조목 사례를 들어가며 자세히 설명하였습니다. 지면에서 사용된 제목을 유형별로 분석하였으며, 특히 신문 지면별로 제목 유형을 분석하는 것은 처음 시도되는 일입니다. 제목 유형에 대한 분석 작업은 앞으로도 계속될 것입니다. 현재 진행된 작업은 같은 시기의 제목을 평면적으로 분석한 것이지만, 앞으로는 시간의 흐름에 따른 추이까지 확대할 생각입니다. 그러한 작업을 바탕으로 편집기자들이 어떠한 방식으로 제목을 달게 되는지, 그리하여 그 제목을 본 독자들로 하여금 어떻게 해서 본문을 읽지 않고는 배기지 못하게 하는지를 살펴볼 것입니다. 편집기자들이 즐겨 쓰는 제목의 유형도 살펴보고, 어떤 내용의 기사에 특히 어떤 유형의 제목이 많이 사용되는지도 알아보고자 합니다. 독자분들께서도 어떤 유형의 제목이 달려 있을 때, 본문을 더 읽어 보고 싶어질지 함께 생각해 보시지요.

끝으로 바쁜 시간을 쪼개어 온라인 신문 홈페이지를 분석 대상 요일과 시간에 맞춰 캡처를 받고 제목을 정리하는 등 이 책의 기본 자료를 만드는 데 크게 도움을 준 조인스닷컴 편집팀의 '왕언니 편집기자' 김유민 씨를 비롯한 강영화, 김수연, 김효진, 방효진, 석재은, 심영규, 이무룡, 이소명, 임정빈, 최락선 씨와 동국대 언론정보대학원 후배 고아라 씨, 자료 정리에 이어 제목 유형 분류 검수까지 맡아 준 정지나, 임정현 씨, 회사 업무가 끝난 뒤 사무실에 남아 개인적인 저술 작업을 할 수 있도록 직 · 간접적으로 도와 주고 격려하여 준 조인스닷컴의

미디어사업부, 콘텐트&인물사업부 동료 모든 분들께도 뒤늦게나마 깊은 감사의 말씀을 전합니다. 또한 이 책의 저술을 지원하여 준 삼성언론재단과 선뜻 출판을 허락하여 주신 홍석하 월간 『사람과 산』 사장님, 홍정수 탐구당 사장님, 그리고 미흡한 내용으로 예쁘고 보기 좋게 편집하기 위하여 애써 주신 『사람과 산』의 강윤성 출판부장님, 뒤에서 응원하고 여러모로 도움을 주신 임성묵 차장님께도 진심으로 감사 드립니다. 대학 입시에 도움을 주기는커녕 오히려 방해가 되는 아빠를 위하여 기꺼이 컴퓨터를 양보하여 준 딸 유연이와 최종 교정 작업까지 도와 준 귀염둥이 아들 준연이, 그리고 늘 한결같이 '옆에서 편을 들어 준' 나의 '옆편네' 백승란 씨^^ 모두 모두 "정말 고마워요!"

2010년 4월 15일 저녁

대학교 기숙사에서 처음 혼자 생일을 보내고 있을

사랑하는 맏딸 유연이를 생각하며

김진원

목 차

Ⅰ. 달라지는 뉴스 환경

"요즘도 집에서 신문 구독하시나요? 저도 집에서 신문 보지 않습니다. 인터넷에 들어가면 모든 신문이 다 있잖아요. 그것도 보기 좋게 잘 정리가 되어 있는데 왜 굳이 집에서 신문을 사서 보죠?"

어느 젊은 대학생의 이야기가 아니다. 인터넷을 직업으로 하고 있는 IT 직종에 근무하는 사람의 말도 아니다. 필자가 다니던 대학원에서 교수가 한 말이다. 그것도 다름 아닌 신문방송학과 교수의 변이다. 더더구나 사석에서 술 한 잔 걸치면서 한 말이 아니라, 수업 시간에 학생들 앞에서 전혀 거리낌없이(하긴 그 교수 입장에서는 너무나 당연한 이야기이므로 거리끼고 말고 할 이유도 없었을 것이다) 아무렇지도 않게 한 이야기이다.

필자는 깜짝 놀랐다. 그리고 사실 씁쓸했다. '그래도 신문방송학과 교수 아닌가. 신문과 방송이 자신의 학문과 연구의 바탕, 직업의 기본이지 않은가…' 인터넷이 이미 삶의 한 부분이 되어 버린 젊은이도 아닌, 대학교 신문방송학과 교수마저 신문을 구독해 볼 필요가 없다고 생각하는 시대… 우린 지금 그런 시대에 살고 있는 것이다.

인터넷의 발달과 함께 모든 생활 환경이 바뀌고 있다. 아니 이미 바뀌어 있다. 사람들은 바뀐 환경에 큰 저항이나 거부감 없이 적응해 가고 있다. 많은 젊은이들은 환경이 바뀌었다는 말 자체를 이해하지 못할 수도 있다. 인터넷의 발달과 함께 자라온 세대에게는 '바뀐 환경' 이라는 말이 오히려 더 낯설 수밖에 없다. 그만큼 인터넷은 단순히 엔터테인먼트를 즐기거나 필요한 자료를 검색하기 위하여 찾아들어 오는 사이버 공간으로서가 아니라 벌써 생활 전반에 걸쳐 깊숙이 파고 들어와 있기 때문이다.

뉴스도 예외가 아니다. 인터넷은 만들어진 뉴스를 '전달하는' 기능을 뛰어넘어 새로운 뉴스를 '만들고', '화두를 던지는' 주체로서, 이미 주요한 미디어로 굳건히 자리매김하였다. 신문과 방송 등 일부 미디어가 세상 사람들이 모르는 모든 뉴스와 정보를 독차지한 상태에서 독자와 시청자들에게 기사를 '제공해 주던' 시대는 지나갔다. 아무리 돌아보고 또 돌아보아도 보이지 않는 먼 옛날의 '과거'가 되고 말았다. '현재'는 인터넷이라는 쌍방향 미디어를 이용한 뉴스 수요가 오히려 더 많아졌다. 요즘 신문 읽는 젊은이들을 찾아 보기란 쉽지 않다. 왠지 모를 아쉬움이 짙게 남는다. 하지만 아쉬운 건 아쉬운 거고, 현실은 또 현실이다. 이것이 바로 진작 바뀌어 버렸고, 직시해야 할 '현실'인 것이다.

한국언론재단에서 격년으로 발간하는 '언론수용자 의식조사' 자료를 보면 오프라인 신문과 인터넷의 부침 현상이 더욱 두드러진다.

신문 가구 정기 구독률은 1996년 69.3%에서 2008년에는 36.8%까지 지속적이고도 가파르게 하락세를 보이고 있다. 매체별 만족도에서도 인터넷은 3.46점(5점 척도)으로 전국 종합신문(3.05), 지역 일간신문(2.89)을 앞질렀다. 또한 유언비어나 괴담, 악성 댓글 등으로 많은 지탄을 받고 있는 인터넷이 신뢰도에서조차 3.35점을 얻어 전국 종합신문(3.11)보다 높은 점수를 받았다. 특히 특정 사안에 대하여 동시에 보도하였을 경우 어떤 매체의 보도 내용을 가장 신뢰하는지 알아본 결과, TV를 '신뢰한다'는 응답이 60.7%로 가장 많았고, 다음은 인터넷(20.0%), 신문(16.0%) 순으로 나타나 인터넷을 조사 대상에 넣은 2000년 이후 처음으로 신문의 신뢰도가 인터넷에 밀리고 있는 것으로 나타났다.[1] 인터넷은 이미 단순히 오락이나 엔터테인먼트 기능을 이용하기 위해서가 아니라, 적극적으로 정보를 찾고 신뢰성 있는 뉴스를 읽기 위하여 방문하는 매체로 떠올랐으며, 포털을 포함한 인터넷 언론에 대해서 미디어냐 아니냐 하는 분류 논쟁[2]도 더 이상 의미를 찾기 어려운 시점에 와 있다.

신문들도 시대의 흐름을 잘 알고 있다. 잘 나가는 소위 메이저 신문들조차도

1 '언론수용자 의식조사' (한국언론재단, 2008)

더 이상 오프라인 신문에만 매달리려고 하지 않는다. 오히려 온라인 쪽에 더 신경을 쓰고, 더 많은 힘을 쏟아 붓고 있다. 미국의 주요 일간지 가운데 하나로, 1908년 보스턴에서 창간돼 100 년의 역사를 자랑하는 '크리스천 사이언스 모니터' 의 경우에는, 2008년 10월 28일 자사 홈페이지를 통해 2009년 4월부터 아예 오프라인 신문 발행을 중단하고 온라인 뉴스에만 주력하기로 결정하였다. '크리스천 사이언스 모니터' 의 이 같은 결정은 경영난에 의해 할 수 없이 선택한 것이기도 했지만, 미국에서 흔치 않은 전국지로 세계 120여 개국에서 애독되던 고급 일간지여서 그 충격이 더욱 컸다. 같은 해 11월 5일에는 역시 미국의 '유 에스 뉴스 앤 월드 리포트' 가 인쇄본 잡지 발행을 중단하고 사업 전체를 디지털화하겠다는 계획을 세웠다는 보도[3]가 나오는 등 오프라인에서 온라인으로 사업을 전환하는 사례가 속속 이어지고 있다.

1) 보조 매체에서 주 매체로

미디어의 환경이 바뀜에 따라 자연스럽게 미디어의 힘 또한 자리이동을 하고 있다. 수용자의 선택이 많아지는 미디어가 수용자의 외면이 많아지는 미디어보다 영향력을 갖는 것은 당연한 결과이다. 더구나 새로운 미디어가 늘어난다고 해서 수용자들이 미디어를 이용하는 시간이나 지출이 크게 변화하지는 않는 것

2 한국신문협회는 2008년 11월 네이버 등 인터넷 포털이 수 십 명의 편집 인력을 상시 고용하고 있으면서도 직접적인 취재 인력은 두지 않고 언론사가 제공하는 기사에 의존함으로써 '독자적인 기사 생산을 위한 요건으로서 취재 인력 2 인 이상을 포함하여 취재 및 편집 인력 3 인 이상을 상시적으로 고용하고, 주간 게재 기사 건수의 100분의 30 이상을 자체적으로 생산한 기사로 게재할 것' 이라고 명시한 신문법 제 3조를 회피하면서 사실상 언론의 사회적 영향력을 행사하려 하고 있다며 비판하였다. 특히 민훈기닷컴이나 이동진닷컴은 네이버에만 기사를 독점적으로 제공함으로써 네티즌에게는 이미 네이버의 언론 진출이니, 언론사(기자)의 하청업체 전략이니 하는 논란을 불러일으키기도 하였다. 이와 같은 치열한 논란 끝에 결국 포털 뉴스 기사도 2009년 8월 7일부터 시행된 개정 언론중재법의 적용을 받게 되었다.

3 워싱턴 포스트 인터넷판 보도. 실제 '크리스천 사이언스 모니터' 는 2009년 3월 27일자를 끝으로 일간지를 폐간하고 주간지로 전환하였으며, 대신 무료 인터넷판을 충실화하여 2013년까지 PV를 5 배 늘리겠다는 목표를 세웠다.

으로 나타났다.[4)]

온라인 뉴스가 오프라인 뉴스의 보조 매체의 위치에서 주 매체로 성장한 시점은 일반적으로 초고속 인터넷 보급에 따른 인터넷 이용자 수의 급증과 인터넷 전문 언론사가 등장하기 시작한 2002년 전후로 본다. 뉴스를 보는 매체 순위에서도 인터넷은 이미 2005년부터 TV를 앞질렀다.[5)] 한편 인터넷 시장 조사 기관인 코리안 클릭에서 2009년 3월 24일 배포한 '인터넷 뉴스 서비스의 소비 행태 변화' 자료에 따르면 2009년 1월 현재 인터넷 이용자의 94.1%가 뉴스 서비스를 이용하고 있으며, 하루 평균 7.8분을 뉴스 콘텐트의 열람에 사용하고 있는 것으로 조사됐다.

2) 인터넷의 위력

인터넷의 위력이 커지면서 언론사보다는 포털 쪽으로 무게 중심이 이동하여 갔다. 이렇게 포털의 시장 지배력이 확대되면서부터는 언론사와 포털 간의 갈등 구도가 형성되게 되었다.

인터넷의 영향력은 인터넷 보급률이 40%를 넘어서면서 아시아 최고를 기록한 2000년부터 가시화하기 시작하였다. 그 해 5.18 광주 묘역을 참배한 후 5.18 광주 민주화 운동 20주년 기념 전야제에 참석하였던 일부 386 국회의원 당선자들이 술판을 벌인 속칭 '5.18 광주 술판' 사건이 익명의 제보자[6)]에 의하여 인터넷에 올려지게 되고[7)] 이것이 사회적 이슈가 되면서부터 일반인들의 뇌리에도

4 '한국인의 미디어 이용과 지출행태의 변화' 한국방송영상산업진흥원 보고서. 2007년 2월 15일. 보고서는 '미디어 대체 가설에서 주장하는 것과 같이 신규 매체가 기존 매체를 대체하는지 보완하는지 또는 아무런 관계가 없는지에 대해서 일관성 있는 결론을 내리기 어려우며, 새로운 미디어의 도입이 생활 전반에 걸쳐 영향을 주어 시간의 재배분이 이뤄지는 시간재분배 가설이 더 설득력을 가지고 있다'고 분석했다.

5 인터넷 광고 미디어렙사인 '나스 미디어'에서 실시한 2005년 NPR(Netizen Profile Research) 결과.

6 이 글의 제보자는 나중에 그날 술판 자리에 함께 있었으며, 1989년 학생 시절 전국대학생대표자협의회 대표 자격으로 평양에서 열린 '세계청년학생축전'에 참가하여 유명해졌던 임수경 씨였다는 것이 밝혀지게 된다.

인터넷의 위력이 각인되게 된다.

인터넷의 위력을 보여주는 또 하나의 기억에 남을 사건으로는 2002년 6월 13일 미군 장갑차에 의한 두 명의 여중생 사망을 꼽을 수 있다. 당시는 마침 제 17회 월드컵 축구대회와 제 16대 대통령 선거라는 커다란 이슈가 있는 상황이어서 이 사건은 소리 없이 그냥 묻혀 지나갈 뻔 하였다. 그러던 것을 인터넷 신문 '오마이뉴스'의 한 시민기자가 신효선 · 심미선 두 여중생을 추모하기 위한 촛불집회를 제안하면서 상황이 갑자기 바뀌게 된다. 그해 11월 30일 서울 광화문 앞에서 처음으로 대규모 촛불시위가 열리게 되고, 미국이 사고 책임자를 무죄로 판결하면서부터는 반미시위로까지 확대가 되었다. 한국의 촛불 시위는 제 16대 대선의 최대 이슈로 떠올랐고, 외국 언론에서도 큰 관심을 갖고 지켜보게 되었으며 마침내 미국 부시 대통령의 사과까지 끌어내게 된다.

이 사건은 2002년 말의 대선에도 큰 영향을 미쳤다. 이 사건이 반드시 유리하게 작용하였다고 단언할 수는 없겠지만, 어쨌든 인터넷을 홍보의 틀로 적극 활용한 노무현 당시 민주당 후보가 대통령에 당선되자 이를 두고 외신들은 '인터넷의 승리'라는 말로 뉴스를 전달하기까지 하였다.

3) 포털의 영향력

인터넷의 힘, 특히 그 가운데서도 포털의 위력은 2008년 그 정점을 찍게 된다. 미국산 쇠고기 수입을 둘러싼 논의가 미디어 다음의 '아고라' 토론장을 중

7 인터넷에 처음으로 광화문 앞 촛불 시위를 제안한 사람은 '앙마'라는 아이디를 쓰는 네티즌이었다. 이 네티즌이 인터넷 한겨레의 자유토론방에 11월 30일 촛불 시위를 하자는 제안을 하였고, 그 내용을 오마이뉴스의 시민기자가 받아서 '네티즌, 광화문의 촛불 시위를 제안하다'라는 제목의 기사를 써 올린 것이다. 그러나 나중에 '앙마' 아이디의 네티즌과 오마이뉴스의 시민기자가 같은 사람인 것이 드러나면서 조작 논란이 불거지기도 하였다.

심으로 확산되더니 이명박 대통령 탄핵 청원 서명 운동으로까지 번졌고,[8] 4월 18일 한국 정부의 미국산 쇠고기 수입 확대 조치가 발표되자 광우병 쇠고기 수입 가능성을 우려하는 여론이 형성되기 시작했다. 5월 초부터는 미국산 쇠고기 수입 확대에 반대하는 촛불집회가 열렸는데, 처음에는 수 천 명이 참여하던 촛불시위가 날이 지나면서 참여자가 폭발적으로 늘어 6월 10일에는 전국에서 100만 명 이상이 모여드는 대규모 집회로 확산되었다.

한편, 이 촛불집회를 지지하는 사람들 가운데 일부가 포털 다음의 '아고라' 토론방을 중심으로 조선일보, 중앙일보, 동아일보, 소위 조중동의 광고주를 압박하기 시작한다. 이들은 조중동이 "정부 입장을 옹호하는 보도만을 한다"고 판단하였으며 3 개 신문사를 폐간시키기 위하여 이들 신문에 광고를 싣는 광고주들을 상대로 항의 전화 걸기를 시도하였다.[9] 포털 다음에 '조중동 폐간 국민 캠페인'(www.daum.net/stopcjd)과 같은 카페가 개설되는 등 조직적인 광고 중단 압박 운동이 전개되었고, 신문사와 광고주들은 엄청난 재정적 타격을 받았다. 이를 계기로 조중동은 포털 다음에 보내던 자사 기사의 공급을 중단하기에 이르는 등 갈등의 골이 깊어지고 말았다. 인터넷의 선봉에 서 있는 포털이 자신을 미디어로 보든 보지 않든,[10] 그 영향력은 이미 더없이 막강해져

8 2008년 4월 6일 미디어다음의 '아고라' 청원방에 네티즌(id '안단테'–경기도 구리시 고등학생)이 '[1천만명 서명] 국회에 이명박 대통령 탄핵을 요구합니다'라는 글을 올려 이명박 대통령에 대한 탄핵 청원 서명 운동을 시작했다. 2009년 12월 31일까지 진행된 이 서명 운동에는 1,483,659,129명이 참가하였다.

9 다음의 '아고라' 토론방에는 중앙일보, 조선일보, 동아일보에 광고를 게재한 상품에 대한 불매운동을 촉구하는 글이 올라오고, 광고주 전화번호가 공개되기도 했다. 네티즌들은 공개된 전화번호로 전화를 걸어 광고주들에게 광고 게재 취소를 종용하였다.

10 포털 다음은 뉴스 서비스 명칭에서부터 '미디어다음'이라 하여 스스로 미디어임을 주장하고 있다. 반면, 네이버의 경우에는 포털의 미디어 기능에 대한 논란이 일자 2008년 11월 10일 오전 10시와 오후 3시 두 차례에 걸쳐 대한상공회의소 중회의실에서 온라인 신문 등 모든 언론사를 대상으로 동일한 내용의 '네이버 뉴스캐스트' 설명회를 갖고 같은 해 12월 15일 뉴스캐스트 베타버전을 오픈한 뒤, 2009년 1월부터 뉴스캐스트 서비스를 시행하였다. 뉴스캐스트 서비스란 네이버 홈에 있는 뉴스 영역의 편집에 자신들은 전혀 관여하지 않고 각 언론사에서 편집 박스를 만들어 직접 운영하게 한 서비스를 말한다.

있었던 것이다.

이렇게 오프라인 미디어에까지 치명적인 타격을 가하는 등 포털을 비롯한 온라인 미디어의 세력이 걷잡을 수 없을 정도로 커지자 2009년 7월 22일 개정된 신문법에서는 인터넷 포털의 뉴스 서비스 기능을 언론의 범주에 포함시켰다.

4) 점점 더 중요해지는 제목

온라인 미디어의 위력이 더해지면 더해질수록, 각 매체의 경쟁 또한 심해져 갔다. 한 명의 네티즌이라도 더 끌어들이기 위하여 안간힘을 썼다.

온라인 미디어는 오프라인 신문에 비하여 공간적 제한이 없으므로 기사의 양을 조절할 필요가 없으며, 관련 기사들을 하이퍼링크 방식을 통해 얼마든지 한 화면에 현출할 수 있는 장점을 가지고 있다. 그것이 바로 온라인 미디어의 가장 큰 특징이기도 하다. 그러나 아이러니하게도 온라인 미디어는 그 구성상 초기 화면 한 곳에서 모든 정보를 다 보여 주어야 하는 구조로 되어 있으며, 그것은 실질적으로 오프라인 신문에 비하여 대단히 좁은 공간이 되고 만다. 이에 따라 온라인 미디어는 그 특성상, 오프라인 매체보다 일반적으로 신문 편집에서 3 대 요소로 꼽는 제목, 레이아웃, 기사 가치 판단 중 특히 제목에 비중을 더 두게 된다.

오프라인 뉴스는 거의 대부분이 제목과 본문을 함께 읽을 수 있도록 펼쳐진 선형적(扇形的)이며 수평적인 형태의 레이아웃 특징을 가지고 있다. 레이아웃에 따라 같은 기사라도 가치가 하늘을 찌르는가 하면, 땅바닥으로 곤두박질칠 수도 있다. 개별 면 편집이 이루어지므로 1면이 그 신문의 얼굴 역할을 하게 되고, 아무리 작은 제목으로 뽑히더라도 일단 1면에 자리잡으면 그 기사의 가치는 최고가 된다.

반면 온라인 뉴스는 메인 홈에서 주요 기사가 모두 보여진다. 물론 주요 기사

일수록 위쪽으로 배치된다고 볼 수 있으므로 상단에 자리하는 기사들을 신문의 1면 기사 정도로 생각해도 크게 무리는 아닐 것이다. 다만 아무리 주요한 기사라 할지라도 메인 홈에서 그 내용을 다 볼 수는 없다. 톱과 몇몇 주요 기사들이 제목 외에 이미지나 본문의 일부를 함께 보여 주기도 하지만, 그렇더라도 극히 일부일 따름이다. 기본적으로 온라인 신문은 계층적, 수직적 형태로 되어 있어 제목이 먼저 보여지고 제목을 클릭해야 본문이 보여지는 방식이다. 이미 많은 논문이나 글에서 지적되어 왔듯 제목과 본문이 한눈에 보여질 수 없는 뚜렷한 한계를 지니고 있는 것이다. 제목만 달랑 보여지는 구조에서는 제목에서 눈길을 끌지 않는 이상 본문까지 읽도록 유도하기가 극히 힘들다.

이러한 초기 화면의 한계 때문에 온라인 미디어는 제목 또는 제목과 리드[11]만으로 네티즌의 눈길을 끌어당겨 해당 기사를 클릭하게 하고 본문을 읽도록 만들어야 한다. 인터넷으로 뉴스를 읽는 네티즌의 열독 형태는 종이 신문 독자들보다 '훑어보기'와 '제목만 읽기'의 경향이 더 강하게 나타나므로[12] 온라인 뉴스에서는 제목의 중요성이 더욱 커지게 되고, 클릭을 유도하기 위한 다양한 방법이 시도되고 있다는 주장이 제기되고 있다.[13]

5) 매출과 직결되는 온라인 뉴스 제목

온라인 신문에서 본문을 읽고, 읽지 않고는 하늘과 땅의 차이가 난다. 오프라인 신문은 일단 누군가에게 배달이 되면 그것으로 주요 역할이 일차적으로 끝난다. 신문을 받아 본 뒤 제목만 읽는지, 본문까지 읽는지, 그 비율이 얼마나 되는

11 신문 제작 현장에서는 거의 대부분 '리드'라는 용어를 사용하고 있으나, 학문에서는 '개요'라는 용어를 많이 쓰고 있다.
12 조수선 '온라인 신문 기사의 제목과 개요 효과' (한국언론학보 49권 2호, 2005)
13 박희석은 그의 저서 '클릭을 부르는 인터넷 뉴스 헤드라인'(커뮤니케이션북스, 2007)의 제목 자체에서 아예 인터넷 뉴스의 제목이 클릭 유도 역할을 하고 있음을 밝히고 있다.

지는 나중에 열독률 조사 등을 통하여 알아보기도 하지만, 늘 체크할 수는 없다. 따라서 구독률이 얼마나 되는지가 가장 중요하다. 온라인 신문도 일단 거기까지는 오프라인 신문과 크게 다르지 않다. 과거에는 온라인 사이트의 평가지표로 페이지 뷰(page view, PV)를 기준으로 하였으나, 지금은 순 방문자(unique visitor, UV)가 우선한다. 즉 해당 사이트에 방문자가 얼마나 있는가가 가장 중요한 잣대로 된다는 뜻이다. 제목만 읽고 굳이 본문까지 읽지 않더라도 순 방문자 수에는 들어간다. 여기까지 보면 오프라인이든, 온라인이든 얼마나 많은 사람이 매체를 접했는가를 최우선 평가 잣대로 삼는 것은 일치한다.

그러면 온라인에서 UV 못지 않게 PV가 중요한 이유는 무엇일까? PV가 늘어난다는 것은 그 사이트에 들어왔을 때 읽을 만한 콘텐트가 많이 있다는 것을 보여 주는 것은 물론, 방문한 사람들이 그 사이트에 체류하는 시간(duration time, DT)을 연장시켜 준다는 뜻이다. PV의 또 다른 중요한 점은 그렇게 사람을 불러 모으고 머무르는 시간을 늘려 주는 역할 외에도, 그 자체가 매출과 직결된다는 것이다. 온라인의 주요 수입원 가운데 하나인 배너 광고는 방문자들에게 많이 노출되면 될수록, 클릭이 많이 이루어지면 이루어질수록 매출이 더 발생하게 된다. PV는 이렇듯 사이트의 영향력과 매출을 동시에 보여 주는 주요 지표 가운데 하나이다.

따라서 온라인 신문의 편집기자들은 자사 사이트를 방문한 네티즌으로 하여금 최대한 제목을 클릭해서 본문을 읽을 수 있도록 하기 위하여 최선을 다한다. 본문을 읽느냐 마느냐는 본문이 보여지지 않는 온라인의 경우 전적으로 제목에 의지하는 것 외에 달리 방법이 없다.

6) '제목 소비자'의 증가

2010년 5월 현재 대한민국 최초의 근대 신문인 한성순보가 창간[14]된 지 만

116 년이 지났으며, 최초의 일간지인 매일신문이 창간[15]된 것도 벌써 110 년이 넘었다. 그 110 년간 일간신문은 놀랄 만한 질적, 양적 성장을 이루어 왔으며, 2002년 이후 매해 발행량만 평균 15.6%씩 증가해 2008년 현재 전국에서 발행되는 일간신문만 288 개에 이르는 것으로 집계되었다.[16] 지면의 수도 기하급수적으로 늘어나 종합일간지의 경우 본지와 경제 등 섹션을 포함하면 하루 50 면 이상씩 발행되고 있으며, 50 면 안팎의 지면이 담고 있는 기사들을 모두 묶으면 250여 쪽에 달하는 단행본 한 권에 맞먹는 분량이 될 정도[17]라고 한다.

이렇게 엄청난 양의 정보가 매일매일 쏟아져 나오면서 신문을 읽는 독자들은 모든 기사를 일일이 읽어 볼 수 없게 되었고, '훑어보기' 에 치중할 수밖에 없어졌다. 제목의 기능과 역할은 자연히 더욱 확대되었다. 이러한 현상으로 말미암아 이른바 '제목 소비자(a shopper of headlines)' 또는 '제목 독자(headline readers)' 로 불리는 제목 위주의 신문 구독자들은 나날이 늘어나게 되었다.

미국의 심리학자 태넨바움은 제목의 독립적 영향력을 살펴보기 위하여 같은 기사에 대한 제목을 긍정적으로 붙인 것과 부정적으로 붙인 것을 피실험자에게 읽히게 하였을 때 어떤 효과가 나타나는지 실험하여 보았다. 그 결과 어떤 제목이든 기사 내용에 대한 사전 지식이 있으면 제목의 효과는 감소하고, 사전 지식이 적으면 제목의 효과가 증가함을 밝혀내었다.[18] 이 연구는 제목 위주의 구독자는 절대적으로 제목에 의존하여 기사를 이해할 수밖에 없으며, 결국 뉴스 제목은 기사 본문과 별도로 독자들에게 독립적인 영향력을 강하게 행사하고 있다는

14 1883년 10월 31일
15 1898년 1월 26일
16 문화체육관광부 홈페이지 자료– 2008년 10월 24일 사이버커뮤니케이션학회 주최 '디지털 뉴스 유통 시장의 합리적 수익 분배: 온라인신문사와 포털의 윈–윈 전략' 에 관한 세미나 자료집에서 재인용
17 손석춘 '신문 읽기의 혁명' (개마고원, 2003)
18 Percy H. Tannenbaum 'The Effect of Headlines on the Interpretation of News Stories' (Journalism Quarterly Vol. 30, 1953) pp 189~197

것을 보여주기도 하는 것이다.

이와 같이 갈수록 큰 의미와 중요성을 갖게 되는 제목 달기는 앞서 밝힌 바대로 오프라인 신문의 편집기자보다도 어쩌면 레이아웃이 없는 온라인 신문 편집기자에게 더욱 핵심으로 꼽히는 능력이라고 볼 수 있으며, 현대로 오면서 점점 더 중요한 자리를 차지하고 있다. 기사를 선택하는 가치 판단도 물론 중요하지만, 온라인 편집기자가 자신의 능력을 보여 줄 수 있는 가장 훌륭한 수단은 역시 '제목 달기' 라고 보는 것이 맞지 않을까 싶다.

기사의 양이 많지 않았던 과거의 신문에서는 기사 본문을 꼼꼼히 읽어 보는 독자들이 많았지만, 정보량이 넘쳐 나는 현대 사회로 들어오면서부터는 독자들이 보도되는 모든 기사를 읽어 볼 수 없게 되었다. 미디어 매체 자체가 폭발적으로 늘어났기 때문이다. 앞서 살펴본 바와 같이 신문만 늘어난 것이 아니다. 방송도, 온라인 미디어도 우후죽순으로 늘어났고, 또 지금도 늘고 있다. 게다가 블로그라는 1인 미디어까지 포함시키면 수를 헤아리는 것 자체가 불가능해진다. 매체 수가 늘어나면서 기사의 양도 당연히 따라 늘었다. 이제 모든 기사를 읽는다는 것은 물리적으로 불가능하다. 제목을 우선 훑어본 뒤 마음에 드는 기사만 골라 읽어 보는 것조차 벅차다. 제목을 어떻게 다느냐에 따라 독자들로 하여금 본문을 읽고 가게 만드느냐, 훑고 지나치게 만드느냐가 결정된다는 이야기이다.

7) '주제형' 과 '미끼형'

이에 따라 '현대 신문의 독자는 제목의 독자들' 이며, 제목은 그 자체만으로 정보의 가치와 내용을 전달하는 하나의 저널리즘 역할을 한다고도 말한다. 현대까지 올 것도 없이 이미 오래 전부터 신문 독자들의 구독 습관이 변화하고 있으며, 그에 따라 '제목 소비자' 가 증가하고 있음이 지적되어 왔다.[19] 뉴스의 제목은 기사 내용을 압축함으로써 정확하게 전달하기 위한 '주제'를 뽑아내는 것이 주목적이지만, 한편으로는 흥미 유발을 위하여 존재하는 '미끼'이기도 하다.[20] 제목을 이렇게 '주제'와 '미끼'로 분류하여 보면, 오프라인 뉴스 제목이 기사의 내용에 충실한 '주제형'이 많은 데 비하여, 온라인 제목은 '미끼형'에 가까워지고 있다. 그러나 근래 들어서는 오프라인 제목 역시 (아직까지 많다고 말할 단계로 보이지는 않지만) 온라인 제목의 영향을 받아 '미끼형'이 점점 늘어나고 있는 것으로 보인다.[21]

제목의 기본 속성은 이와 같이 오프라인이든 온라인이든 크게 다르지 않다. 다만 여기서는 오프라인 신문과 온라인 신문[22]의 제목 유형을 비교 분석하여 봄으로써 온라인 신문에서 과연 얼마나 더 네티즌의 눈길을 끌기 위한 유형의 제목을 사용하고 있는지, 오프라인 신문에서는 또한 그러한 유형의 제목을 얼마나 자주 쓰고 있는지를 알아보고자 한다. 더 나아가 온라인 신문과 오프라인 신문의 제목 유형의 차이를 비롯, 신문사별로 즐겨 사용하고 있는 제목의 유형이 따로 있는지, 있다면 어떤 신문사가 어떤 유형의 제목을 많이 사용하고 있는지 등을 구체적으로 찾아볼 것이다. 정치, 경제, 사회, 문화 등 지면별 뉴스 제목의 유형에서는 어떤 차이점을 보이고 있는지 역시 분석하여 보기로 한다.

그동안 오프라인이나 온라인에서 쓰인 구체적 제목을 들어 유형을 분류한 사

19 정태철 '제목소비자의 증가와 신문제목의 이해도' (한국언론학보 제33호, 1995)

20 조갑제 '나는 글쓰기가 너무나 쉽다'(조갑제닷컴, 2007)

21 이 부분을 정확하게 밝히기 위해서는 오프라인 신문의 과거 지면과 현재 지면의 제목을 분석하여 비교해야 할 것이다. 이 책에서는 그 부분까지 분석하지는 못했음을 밝히며, 추후 과제로 삼고자 한다.

22 여기서 이야기하는 '온라인 신문'이라는 용어는 기존 신문사가 운영하는 인터넷 뉴스 사이트를 의미한다. 김경희는 자신의 저서 '한국 사회와 인터넷 저널리즘'(한울, 2009)에서 "PC통신 같은 온라인 미디어가 사라지고 인터넷이 주로 사용되기 때문에 … (중략) … 온라인보다는 '인터넷'이라는 용어가 최근의 경향을 정확하게 전달할 수 있으리라 판단된다"며 온라인 뉴스보다는 인터넷 뉴스라는 용어를 주장하고 있다. 필자는 그 주장에 전적으로 동의한다. 그러나 다만 이 책에서는 전체 인터넷 뉴스 사이트가 아니라 오프라인 신문사의 인터넷 사이트만을 대상으로 하므로 범위를 한정 짓는 의미에서 '온라인 신문'이라는 용어를 쓰기로 한다. 앞으로 대상을 모든 인터넷 뉴스 사이트의 제목으로까지 넓혀 유형을 분석할 기회가 있기를 기대하여 본다.

례는 있었지만, 단순히 유형의 분류 자체에 그침으로써 전체적으로 어떤 유형의 제목이 얼마나 쓰였는지, 따라서 오프라인과 온라인에서 각각 어떤 유형의 제목을 선호하고 있는지를 밝힌 예는 찾아보기 힘들다. 뉴스 섹션별 제목의 유형 차이를 구체적으로 밝혀낸 경우는 더더욱 전례를 찾을 수 없다.[23]

이 책에서는 오프라인 뉴스 제목과 온라인 제목을 하나하나 유형별로 정리해 보고 오프라인과 온라인에서 각각 어떤 유형의 제목이 많이 쓰였는지 분석해 보고자 한다. 그러한 분석을 통하여 실제 제작에서 쓰인 제목의 유형을 정리할 것이다. 그렇게 함으로써 소위 '클릭을 부르는' 제목이 일반적으로 생각하고 있는 것과 같이 온라인 뉴스에서 주로 많이 쓰이고 있는지를 알아볼 수 있을 것이다. 반면 오프라인 뉴스에서는 과연 관심을 끌기 위한 제목보다 정보 전달을 목적으로 한 '객관적이고도 사실적인' 제목이 주로 쓰이고 있는지 등도 함께 살펴보기로 한다.

8) 같은 기사 다른 제목

제목의 중요성에 대하여서는 이론의 여지가 없다. 많은 논문, 많은 책에서 제목이 중요하다고 역설하고 있다. 제목을 어떻게 달아야 하는지, 심지어 앞서 밝힌 바와 같이 온라인에서 클릭을 유도하기 위한 제목에 대하여 자세히 설명하기도 한다. 그러나 구체적으로 제목이 달라졌을 때 어떤 결과가 나오는지에 대한

23 박희석은 위 책(2007)에서 인터넷 뉴스 제목이 클릭을 유도하기 위하여 어떤 유형으로 만들어지는지를 살펴보았다. 오프라인 신문에 대하여서는 박금자 '일간신문 제목에 나타나는 응집성, 패러디, 생략 현상'(텍스트언어학 제7권, 1999), 정여훈 '신문 제목의 유형 및 그 실현 양상'(사회언어학 제14권 1호, 2006)에서 자세히 살펴보고 있으며 조원형의 경우 '신문 기사 중간제목의 유형과 기능에 관한 연구 –〈한겨레〉 2006년 2월 치 기사를 대상으로–'(텍스트언어학 20, 2006)에서 중간제목의 유형까지도 분석하고 있으나, 그런 유형의 제목들이 실제 오프라인이나 온라인 제목에서 얼마나 사용되고 있는지, 그런 제목의 사용이 과거에 비하여 얼마나 늘고 있는지를 밝힌 논문이나 연구서는 나오지 않고 있다.

설명은 찾아보기 힘들다. 제목이 중요하다는 말은 많이 하지만 제목에 따라 클릭률이 어떻게 변하고 본문을 읽는 수가 얼마나 달라지는지에 대한 명쾌한 설명은 어디에도 나와 있지 않다.

다만 온라인 뉴스를 다루는 현장의 편집기자들은 체험을 통해 잘 알고 있다. 온라인 편집기자들은 굳이 수치를 보지 않더라도 경험상 어떤 제목이 독자의 눈길을 끄는지 안다. 더구나 요즘은 실시간으로 클릭률을 모니터링하는 곳도 많이 있다. 어떤 기사를 1 분에 몇 명이나 클릭하여 읽고 있는지 자세한 수치를 들여다 볼 수 있게 된 것이다. 그러나 단순히 이것만으로는 역시 제목에 따라 클릭률이 달라진다는 것을 객관적으로 설명하기 힘들다. 이런 수치를 활용하여 같은 기사의 제목을 서로 다르게 달고, 그렇게 단 제목마다 얼마만큼씩 클릭하고 있는지를 비교하여야 비로소 제목이 클릭에 어떻게 영향을 미치는지 제대로 파악할 수 있을 것이다. 현장의 기자들은 그러나 시시각각 끊임없이 새로 나오는 기사에 매몰됨으로써 같은 기사의 제목을 바꿔 달아 가며 비교해 볼 만큼 시간이 많지 않다. 클릭이 이루어지지 않는 기사는 제목을 바꾸어 달 것이 아니라 새로운 기사로 대체하는 편이 훨씬 효율적이고 클릭률을 올릴 가능성이 크기 때문이다.

이에 대하여 필자가 경험한 다음의 두 가지 현장 실험 결과가 시사하는 바는 매우 크다 할 수 있다. 다음의 실험을 보면, 제목에 따라 클릭률이 얼마나 달라지는지 후련하게 알 수 있을 것이다.

〈실험 1〉[24]

2005년 6월 16일 조인스닷컴 홈페이지에 당시 네티즌 논객 가운데 글을 잘

24 〈실험 1〉은 당시 중앙일보 디지털뉴스센터 김석기 부장이 제목과 클릭률의 상관 관계를 알아보기 위하여 일부러 편집 기자들도 모르게 실험한 내용을 인용한 것이다.

쓰는 사람들을 뽑아 임명한 '디지털 국회의원' 중 한 명의 글을 올렸다. 한나라당이 차기 대선에서 승리하기 위한 방법을 제시한 글이었으며 내용을 간단히 정리하면 다음과 같다.

> 박근혜 대표의 대세론으로 상징되는 '한나라당의 인기'는 여당이 너무 인기를 잃은 데 따른 반사이익의 성격이 있다. 노무현 당시 대통령과 열린우리당의 잘못을 일방적으로 비판하다가는 자칫 한나라당도 덩달아 정치권 불신의 덫에 걸릴 수 있다. 따라서 한나라당은 독자적인 경쟁력과 콘텐트를 갖춰야 대선에서 승리할 수 있을 것이다.[25]

이 글은 처음에는 오전 6시 30분부터 오후 2시 30분까지 주요 기사 중단에 올라갔다. 제목은 '적은 경계의 대상이자 경영의 대상이다'라고 달았다. 글의 소재가 무엇인지 드러나지 않는 다소 밋밋한 일반론적 제목이었다. 기사가 올라가 있던 8 시간 동안의 클릭 수는 300조차 조금 밑도는 수준이었다.

오후 2시 30분부터는 제목을 바꾸었다. '노무현 대통령과 한나라당은 같은 배를 탔다?'라고 하여 의문형이면서도 호기심을 자극할 수 있는 내용이었다. 홈페이지에서 위치는 중단에 잠시 있다가 하단으로 내려갔으며 오후 6시 30분쯤에는 홈페이지 편집에서 아예 빠졌다. 홈페이지 편집에서 빠지기 직전의 클릭 수는 1100이 조금 넘어 있었다. 제목을 바꾸어 단 뒤 약 4 시간 동안 800이 넘는 클릭이 이루어졌으며, 이는 오전 8 시간 동안 보았던 것의 2.7 배 가량을 읽은 것이 된다. 클릭 수로만 보면 2.7 배이지만, 시간이 절반이었던 점을 고려하면 단순 계산만으로도 5.4 배가 된다. 여기에다 일반적으로 오전 시간대에 클릭

25 조인스닷컴 토론방 '한나라당, 적을 경영하라' 2005년 6월 15일 (http://assembly.joins.com/content.asp?board_idx=24750&page=625&tb_name=d_politic)

이 많은 것과 홈페이지에서 편집되어 놓여 있던 위치 등을 감안한다면 그 차이는 훨씬 더 벌어질 수 있었을 것으로 짐작된다.

〈실험 2〉

2008년 4월 4일 중앙일보 1면 톱으로 올라온 '멀쩡한 집기 버린 기관 복지부 말고도 더 있다'[26]는 기사를 오전 7시쯤 조인스닷컴 홈페이지 주요 기사의 상단 첫 번째(톱과 이미지 사진이 들어간 기사 바로 밑)에 원래 제목 그대로 해서 올렸을 때 1 분당 클릭 수는 100에서 200 사이를 오르내렸다.[27] 이 기사를 오전 11시부터 한 줄 위로 올려 이미지를 넣고 제목을 '재활용센터로 간 장관 장식장 "중고 맞아?"' 로 바꿔서 올려 보았더니 1 분당 클릭 수는 바로 2000~3000으로 크게 뛰어올랐다.

물론 이 경우는 클릭 수가 늘어난 이유를, 반드시 제목이 바뀌었기 때문이라고만 말하기에는 무리가 있다. 일단 기사 위치가 위로 올라갔으며, 이미지 사진도 추가되었기 때문이다. 원래 제목이 한 줄이었던 것에 비하여 '"뉴스서 보긴 했지만 이렇게까지 깨끗할 줄이야" 시민들 분통' 이라는 부제까지 붙어 있었으므로 단순 비교는 더더욱 곤란하다. 하지만 아무리 그렇다고 하더라도 제목의 내용과 위치를 바꾸자마자 클릭 수가 30 배까지 폭발적으로 늘어난 사실에 대하여는 어쨌든 '제목의 힘' 이라는 측면을 무시하고 설명할 수는 없을 것이다.

26 http://article.joins.com/article/article.asp?ctg=10&Total_ID=3099061

27 클릭 수는 회사 내 대외비로 분류되어 있으므로 정확한 수치를 밝힐 수 없어 기본 100을 기준으로 그에 비례한 수치를 기록하는 것으로 한다. 정확한 수치는 큰 의미가 없으며, 제목에 따른 클릭 수 변동 추이가 중요하므로 자료로서 충분히 쓸 만한 가치가 있는 것으로 판단했다. 〈실험 1〉에서 실제 클릭 수를 공개한 것은 해당 글이 일반 기사가 아니라 게시판에 올라온 글이었기 때문이다. 게시판 글은 클릭 수가 실시간으로 자동 공개된다.

Ⅱ. 뉴스 제목의 유형

일반적으로 생각하는 뉴스 제목의 기본 원칙이야 두말할 필요 없이 '본문 내용에 충실하여야 한다'는 것이겠으나, 앞서 밝힌 바와 같이 제목 소비자가 급증하는 시대를 맞이하면서 이미 편집기자들은 이런 원칙에 대하여 반기를 들고 있는 것으로 보인다. 이러한 반기가 분명히 존재한다는 전제 하에 이 책에서는 제목을 크게 정보전달형과 관심유도형, 그리고 주제은폐형의 세 가지 유형으로 분류하기로 한다.

정보전달형 제목이라 함은, 특별한 수사나 기교, 언어적 감각 등을 활용하지 않고 사실적으로 본문에 충실하게 다는 유형을 말한다. 우리나라 독자들은 이러한 정보전달형 제목에 비하여 감정적이거나 흥미성 위주의 뉴스 제목을 더 좋아하고 있으므로,[28] 여기에서는 독자들의 주의를 끌기 위하여 노력한 관심유도형 제목과 주제은폐형 제목, 그 중에서도 특히 주제은폐형 제목에 주목하고자 한다.

주제은폐형은 매우 다른 기준의 제목이 될 것이다. 관점에 따라서는 주제은폐형 제목을 관심유도형 제목의 한 유형으로 보기도 하지만,[29] 이 책에서는 주제

28 권우진은 '신문 표제어에 대한 사회언어학적 연구' (사회언어학 10권 2호, 2002)에서 신문 표제어(제목)가 객관성 내지 사실성에 충실하기보다는 흥미성을 염두하여 선정되는 경향을 보이고 있는데, 이는 기사 작성자의 일방적인 태도로 인한 것이기보다는 사실 흥밋거리를 선호하는 독자들의 기호를 반영하고 있는 것이기도 하다고 밝혔다. 이 논문에서는 독자들을 상대로 설문 조사를 실시하여 젊은이들이 흥미성과 객관성을 가장 중요하게 생각하고 있음을 알아내었으며, 수치상으로는 비록 흥미성과 객관성이 비슷한 무게로 중시되는 것 같이 나타나더라도 흥미성은 실제로 독자들이 기사에 관심을 가지고 읽도록 만드는 데에 있어 중요한 역할을 담당하며 객관성은 독자들이 의식적으로 생각할 때 당위적으로 갖추어야 할 중요 요소일 뿐 독자들의 구독력을 높이는 데에는 크게 공헌하지 못한다는 결론이 얻어진다고 밝혀, 궁극적으로 독자로 하여금 기사를 읽도록 하는 데에 가장 필요한 요소로 흥미성을 꼽았다.

29 정여훈 '신문 제목의 유형 및 그 실현 양상'(사회언어학 제14권 1호, 2006). 관심유도형 제목을 다시 '간접 정보 제시형'과 '최소 정보 제시형'으로 나눴다. 살펴보고자 하는 주제에 따라 분류상의 차이가 있기는 하겠지만, 전체적인 분류가 잘되어 있으므로 전반적인 분류의 방법이나 명칭에 관해서는, 특히 관심유도형의 세부 분류에 대하여서는 많은 부분을 이 논문에서 주장한 분류 기준에 따랐다. 다만, 정보전달형 제목의 경우에는 요약형과 전언형의 세부 분류가 되어 있으나, 이 책에서 분석하고자 하는 제목 유형의 특성에 비추어 볼 때 특별한 의미를 부여하기 어렵다고 판단하였으므로 세부 분류는 하지 않았다. 대신 이 책에서 주목해서 보고자 하는 주제은폐형 제목(최소 정보 제시형)을 대분류로 뽑음과 동시에 세부 분류에 있어서도 좀 더 구체적으로 분류하여 살펴보고자 하였다.

은폐형 제목을 따로 떼어 분류한다. 주제은폐형은 뉴스 제목으로서 최소한의 정보 전달 기능을 하고는 있으되, 가장 핵심적인 내용을 감춤으로써 본문을 읽어 보기 전에는 주제를 알 수 없도록 하고 있다. 물론 넓게 보면 주제은폐형 역시 주제를 감춤으로써 관심을 유도하는 형식이므로, 관심유도형의 범주에 넣는 것을 잘못이라고 말할 수는 없다. 그러나 본문 주제를 전달하기 위하여 각종 수사를 사용하는 것과, 본문 주제를 아예 감춰 놓고 직접 읽어서 판단하라고 강요하는 것은 근본적으로 전혀 다른 개념이라고 보는 것이 더욱 타당해 보인다.

제목의 특성 가운데에서도 가장 기본적인 내용을 꼽으라면 본문의 내용을 이해하기 쉽도록 압축하여 제공해 주는 점을 들 수 있겠으나, 주제은폐형 제목은 이러한 제목의 기본적 특성을 정면으로 부인한다. 관심유도형 제목이 정보전달형 제목과 궤를 같이 하며 공존하는 개념이라고 한다면, 주제은폐형 제목은 기본적인 신문 제목의 원칙을 깨뜨리는 파격적 유형의 제목이라고 할 수 있다. 또 관심유도형 제목이 기사를 읽게 하기 위하여 관심을 끌게 하는 소극적 유형이라면, 주제은폐형 제목은 독자로 하여금 기사를 읽도록 강요하는 매우 적극적인 유형이라고 말할 수 있다. 따라서 주제은폐형 제목에서는 관심유도형 제목의 특성이 나타날 확률이 높다. 반면 정보전달형 제목의 특성이 나타날 확률은 많지 않다.

여기서 짚고 넘어갈 것은, 어떤 유형의 제목이든 하나의 제목이 반드시 하나의 유형으로만 정의되는 것은 아니라는 점이다. 즉, 하나의 제목에 여러 가지 유형이 복합적으로 작용하기도 한다는 말이다. 이에 따라 이 책에서도 하나의 제목에 대하여 해당되는 유형을 모두 포함시키는 '복수 유형제'를 채택하기로 한다. 다만 관심유도형 제목은 정보를 독자들에게 제대로 전달하여 주고자 하는 기본적인 원칙에서 정보전달형 제목과 궤를 같이 하고 있으므로 정보전달형과는 복수 유형을 취하지 않는다. 주제은폐형의 경우, 비록 핵심적인 내용을 숨기고 있다고는 하여도 정보 전달의 내용이 제목 안에 일부 들어 있으므로 이 역시 정보전달형과 복수 유형을 취할 수는 없다. 따라서 전체적으로 정보전달형은 복수 유형의 대상에서 제외한다.

정보전달형 제목과 관심유도형 제목, 주제은폐형 제목 간의 관계를 그림으로 나타내면 〈그림 1〉[30]과 같이 보여질 수 있을 것이다.

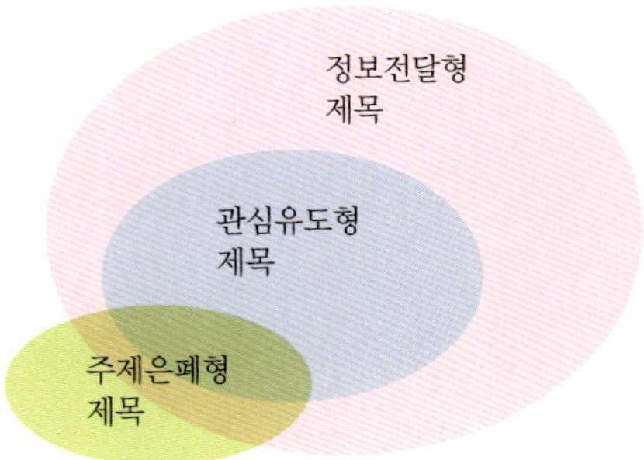

〈그림 1〉 정보전달형 제목과 관심유도형 제목, 주제은폐형 제목 간의 관계도

1. 정보전달형 제목

정보전달형 제목은 말 그대로 정보를 충실하게 전달하여 주는 것에 초점을 맞춘 제목으로서, 독자의 눈길을 끌 만한 기교나 감정, 강조 기법 등을 전혀 사용하지 않고 사실과 정보 내용을 있는 그대로 전달하기 위하여 노력한 제목을 말한다. 이렇게 직접적으로 정보를 보여주는 정보전달형 제목은 본문 내용을 더하거나 빼는 일 없이 사실적으로 제시한다는 긍정적 효과가 있는 반면 호기심이나

30 정보전달형은 뉴스 제목 유형 가운데 가장 기본이 되는 유형을 말한다. 본문 내용에 가장 충실하며, 본문 이외의 내용에서 제목을 뽑는 일이 없다. 관심유도형 또한 마찬가지이다. 다만 정보전달형이 사실만을 전달하는 건조한 제목이라면, 관심유도형이란 독자로 하여금 기사에 대한 흥미를 주기 위하여 각종 수사나 기교를 활용하고 있다는 점에서 차이가 날 뿐이다. 이에 반해 주제은폐형은 사뭇 다르다. 기본적으로 제목 안에서 정확한 내용을 모두 표현하지 않는 것을 원칙으로 한다. 힌트만 주거나 궁금증이 우러나올 만큼 최소한의 내용만을 보여준다. 그러나 가끔은 이러한 최소한의 내용조차 제시해 주지 않기도 한다. 그리하여 제목의 기본이 되는 '정보 전달' 기능의 테두리에서 비어져 나와 의문만을 품은 형태로 존재하기도 하는 것이다. 정보전달형 제목의 범위는 내용상으로는 관심유도형과 주제은폐형 제목의 일부를 포함하는 것이 맞겠으나, 그럴 경우 거의 모든 제목이 이에 해당하게 된다. 따라서 필자는 관심유도형이나 주제은폐형과 겹쳐지는 부분을 제외한 제목 영역(〈그림1〉에서 분홍색으로 보여지는 부분)만 따로 떼어 정보전달형으로 분류한다.

흥미를 불러일으키는 데에는 한계가 있다.

(1)-① 미국 뉴스 61% 신문이 생산
방송 35%… 온라인 뉴스 매체 등 뉴미디어는 4%뿐
퓨리서치, 53개 언론 모니터링

ⓐ 미국의 언론 시장에서 신문이 뉴스 생산의 61%를 맡고 있는 것으로 나타났다. AP통신은 11일(현지시간) 미국의 여론조사기관인 퓨리서치센터의 조사를 인용, "새로운 정보를 제공하는 기사의 61%가 일간지와 전문지 등 신문이 만들어 낸 것"이라고 보도했다. ⓒ 퓨리서치센터가 최근 펴낸 저널리즘 프로젝트 보고서에 따르면 (… 중략 …) ⓑ 35%를 차지한 방송 부문의 매체별 비중은 (… 중략 …) 반면 온라인 전용 뉴스 매체를 비롯한 블로그 · 트위터 등 뉴미디어의 비중은 전체 뉴스 생산의 4%에 불과했다. … (중앙일보 2010년 1월 13일자 12면 국제면)

(1)-② "뉴스의 원조는
역시 신문이다"
美 1주간 지역매체 조사
신문이 원본 61% 제공
블로그 · 트위터 4% 그쳐

ⓐⓑ 뉴스의 '원조' (元祖)는 여전히 신문이었다. ⓒ 미국 퓨리서치센터는 11일 볼티모어 지역 매체 53개를 1주일 동안 분석한 결과, ⓓ 원본(原本) 뉴스의 61%를 신문이 제공했다고 밝혔다. 신문 다음은 TV가 28%, 라디오가 7%를

공급한 반면 ⓔ 블로그, 트위터 등 뉴미디어는 4%에 그쳐 신문 · 방송 등 전통 매체가 뉴스 생산의 95%를 차지했다. … (조선일보 2010년 1월 13일자 A18면 국제면)

위 두 개의 예문을 비교해 보자.

예문 (1)-①의 중앙일보 기사 제목은 대표적인 정보전달형 제목이다. 미국에서 유통되는 뉴스 중 61%는 신문이 생산하고 있다는 사실을 있는 그대로, 아무런 수식 없이 전달하고 있다. 다만 부제에서는 마지막에 '온라인 뉴스 매체 등 뉴미디어는 4%뿐' 이라고 하여 세상이 온통 뉴미디어가 대세인 듯 시끄럽지만 실제 생산되는 뉴스의 양은 (고작) '4%뿐' 이라며 숫제 얼마 되지 않는다는 점을 강조하고 있다.

같은 내용의 기사이지만 조선일보의 제목은 전혀 다르다. 우선 유형상으로 보면 편집기자의 감정이 듬뿍 들어가 있는 감정이입형 제목임과 동시에, 주제를 일부러 강조하기 위하여 '역시' 라는 부사어를 사용한 강조형의 복합 유형 제목으로서 두 유형 모두 관심유도형의 범주에 들어간다.

이 뉴스의 핵심어를 찾자면 '61%' 라고 볼 수 있다. 그러나 여기서는 그 핵심어가 주제목이 아닌 부제목 속으로 들어가 있다. "뉴스의 원조는 역시 신문이다" … 신문이 뉴스의 원조라는 것은 뉴스가 될 수 없다. 사실일 뿐이다. 어느 날 갑자기 뉴스의 원조가 방송에서 신문으로 바뀐 것이 아니라, 원래부터 그랬던 것이고 앞으로도 바뀔 수 있는 것이 아니다. '배고프면 밥을 먹어야 한다' 와 같이 전혀 새롭지 않은 사실인 것이다. 이렇게 너무나도 당연한 말이 주제목으로 툭 튀어나와 있다. 기사 본문의 첫 문장도 그렇게 시작한다. 기사를 쓴 기자나 제목을 단 기자 모두 독자보다 먼저 흥분하고 있으며, 거기에다 자신의 감정까지 담아 강조하고 있다. "뉴스의 원조는 신문이다"가 아니라, "뉴스의 원조는 역시 신문이다"이다. 누가 뭐래도 뉴스는 신문이다. 역시 신문이다. 이것을 우선 강조한 것이다. 신문 뉴스가 차지하는 생산 비율이 61%가 되었든, 71%가 되었든 그 수치는 별로 중요하지 않다. 다른 미디어 매체에 비하여 훨씬 많은 양의 기사를 쏟아 내고 있으며, 그리하여 언론사의 중심추로서 아직도 최전선을 도맡고 있다는 점이 중요한 것이다.

제목을 만드는 데 가장 중요한 것은 당연히 기사이다. 기사가 어떻게 씌어졌느냐에 따라 제목이 영향을 받는다. 중앙일보 기사가 외신 기사를 받아 원문 그대로 덤덤하게 번역한 데 반해, 조선일보 기사는 번역에 앞서 첫 문장에 기자의 감정이 그대로 표출되었으며, 그 감정이 고스란히 제목으로 이어지고 있다.

(2)-① 농민 8000여명 FTA반대 상경시위
"농번기에 오죽 답답하면 올라왔겠나"
시민단체 1000여명은 비준 촉구 집회

한 · 미 자유무역협정(FTA)과 미국산 쇠고기 수입에 반대하는 대규모 농민 집회가 22일 서울 도심에서 열렸다. ⓐ 전국한우협회 등 전국 42개 농민단체 소속 농민 8000여명은 이날 오후 2시부터 서울 영등포구 여의도공원에서 '미 쇠고기 수입 및 한 · 미 FTA 반대 전국 농민대회' 를 가졌다. (… 중략 …) 경북 김천에서 올라온 김모(64)씨는 ⓑ "내일이 모내기 날이다. 5월은 농민들이 바빠서 데모 같은 것 할 시간도 없다. 그런데 아침 7시에 모여 5시간 버스 타고 올라왔다. 너무 답답하고 속상해서 올라왔다"고 말했다. (… 중략 …) 이에 앞서 ⓒ 새물결국민운동중앙회 회원 1000여명은 이날 오후 2시부터 5시40분까지 청계광장에서 '한 · 미 FTA 국회비준 촉구 범국민대회' 를 열었다. …

(2)-② 농민 8000명 FTA · 미 쇠고기 수입반대 상경시위
"바쁜 농번기에 오죽 답답하면 올라왔겠나"
(조선일보 2008년 5월 23일자 A10면 사회면 및 조선닷컴 5월 23일자)

다음 두 번째 예문의 경우는 똑같은 기사를 두고 오프라인 신문에서 단 제목과 온라인 신문에서 단 제목이 달라진 경우이다.

두 개의 제목은 얼핏 보면 거의 비슷하게 보일 수도 있겠으나 실제로는 전혀 다른 느낌을 갖게 만든다.

우선 (2)-①의 오프라인 신문 제목의 경우를 보면 트집 잡을 데 없는 정보전달형 제목이다. 주 제목을 본문의 밑줄 친 ⓐ 부분에서 '농민 8000여명 FTA반대 상경시위' 라고 뽑아 FTA에 반대하는 농민들이 서울로 몰려와 시위하고 있는 사실을 적시하여 보도하고 있다. 그러고 나서 부제목에서는 ⓑ 부분의 '"농번기에 오죽 답답하면 올라왔겠나"' 하는 농민들의 탄성을 직접 인용 방식을 채택하여 처리하였다. 마지막 부제목은 ⓒ 부분에서 뽑아낸 것으로, 주제와 관련은 있으나 내용은 조금 다른 집회인 시민단체 1000여 명도 농민들과 합세해 비준 촉구 집회를 열고 있다는 내용을 설명하고 있다.

반면, 본문 내용에 단 한 글자의 차이도 없는 기사를 놓고 오프라인 신문이 발행된 뒤 그 신문을 받아 인터넷 사이트에 올린 조선닷컴의 (2)-② 제목에서는 경중이 바뀌어 있다. 순서만 가지고 보면 농민 8000 명이 FTA와 미국 쇠고기 수입에 반대하여 상경시위를 벌이고 있으며 "바쁜 농번기[31]에 오죽 답답하면 올

31 오프라인 신문에서는 '농번기'로 쓰였던 제목이 온라인으로 오면서 '바쁜 농번기'로 바뀌었다. 이는 주제목 앞에 쓴 어깨제목의 길이가 너무 길자 주제목의 길이를 조금 늘리기 위해 사용된 것으로 보인다. 그러나 '농사일이 매우 바쁜 시기'라는 뜻을 가진 '농번기' 앞에 다시 '바쁜'이라는 수식어가 붙음으로써 의미가 중복되고 말았다. 오프라인 신문에서도 가끔씩 보이는 실수이지만 하루 종일 쉴 새 없이 속보를 올리기에 바쁜 온라인 신문에서는 이러한 실수들이 훨씬 더 자주 나오고 있다. 이는 이 책에서 말하고자 하는 내용과 직접적인 관계가 있는 것은 아니나 하나의 문제점으로 지적하여 본다.

라왔겠나" 하는 자조적인 말을 던지고 있는 것이 오프라인 신문 제목과 똑같다. 그러나 오프라인 신문에서 주제목이었던 '농민 8000명 FTA · 미 쇠고기 수입 반대 상경시위'는 어깨제목으로 작게 처리되었으며, 부제목으로 작게 처리되었던 '"농번기에 오죽 답답하면 올라왔겠나"' 하는 인용구가 거꾸로 주제목의 자리에 올라와 있다. 그렇게 주제목과 부제목의 순서를 바꾼 (2)-② 제목은 농민들의 답답한 마음을 그들의 말을 빌려 크게 씀으로써 읽는 이들로 하여금 얼마나 답답하면 저렇게까지 할까 하는 동정심이 들게 만들고 있다.

(2)-② 제목은 의문형의 형태를 취하고는 있지만 내용상으로는 전달하고자 하는 내용을 모두 드러냄과 동시에 감탄의 뜻을 강조하기 위한 반문 형식을 취하고 있다. 따라서 이는 주제은폐형 제목의 의문형 제목이 아니라 관심유도형 제목의 감탄형 제목과 강조형 제목으로 분류된다.

2. 관심유도형 제목

관심유도형 제목은 앞서 설명한 바와 같이 정보 전달의 기능을 기본적으로 수행하되, 독자들의 시선을 끌기 위하여 여러 가지 장치를 갖춘 제목을 말한다. 따라서 관심유도형 제목은 정보전달형 제목의 기능을 동시에 수행하면서 부가적으로 본문을 읽게 만들기 위한 노력이 덧붙여진 것으로 볼 수 있다. 구체적으로는 감탄형, 강조형, 감정이입형, 상징형, 은유형, 패러디형, 인용형, 조어형으로 분류된다.

감탄형 제목은 편집자의 감정이 제목에 들어감으로써 독자들에게 직접적으로 호소하거나 강한 느낌을 주는 유형으로서, 감탄문이나 명령문, 문답식 문장 등이 이에 해당한다. 강조형 제목은 제목을 강조하기 위하여 쓰지 않아도 될 주격 조사나 목적격 조사 등을 일부러 사용한다거나, 단어 자체에 강조의 뜻이 들어가 있는 명사, 접두어, 또는 '~해야, ~돼야'와 같이 강한 주장을 나타내는 어미를 쓰기도 하며, 어휘의 반복 사용 내지는 어구 대조 등의 방법을 취하게 된다. 또한 시각적으로 눈에 띄게 하기 위하여 일부러 제목의 핵심이 되는 부분을 선이나 색 등으로 강조하는 경우도 있다. 감정이입형 제목은 정보전달형 제목의 예에서 보았듯이, 말 그대로 편집기자의 개인적 감정이 녹아들어 간 어휘를 사용한 제목 유형이며, 상징형 제목은 느낌이 단어 자체를 통해 살아나는 부사어를 활용한다. 은유형 제목은 적절한 비유 대상을 찾아 그에 견줌으로써 제목이 주는 감흥을 더 높이고자 하는 유형을 말한다. 유행어나 노래 가사 등을 본문 내용에 맞게 끌어다 쓰거나 약간 변형하여 사용하는 패러디형 제목과 명언, 속담, 격언 등을 인용하여 쓰는 인용형 제목도 있다. 끝으로 화살표나 이모티콘[32] 같은 기호 또는 그림 등을 글자 대신 사용하거나, 사전에 없는 단어를 억지로 만들어 쓰고, 글자 수가 많은 것을 적당히 줄여서 쓰기도 하는 조어형 제목까지, 관심유도형 제목은 이렇게 여덟 가지 유형으로 세분하였다.

1) 감탄형 제목

감탄형 제목이란 편집기자의 감정이 제목의 전반적인 분위기에 묻어나게 삽입시킴으로써 본문을 알기 전에 이를 읽는 독자로 하여금 인상이 강하게 남도록 하는 제목을 말한다. 따라서 이 유형의 제목은 어떠한 특정 단어를 사용한다기보다는 주로 문장의 형식이나 내용에 따라 분류되게 된다. 느낌표나 말줄임표, 또

32 인터넷 사이트에서는 ^^, ㅜ.ㅜ와 같은 간단한 이모티콘이 제목에 심심치 않게 쓰이고 있으나 오프라인 신문에서는 그다지 즐겨 사용하지 않고 있다.

는 명령형이나, 질문을 해 놓고 바로 그에 대한 답변을 내놓는 문답형 문장, "~했죠"와 같이 스스로 감탄의 의미를 포함하고 있는 인용문 등이 주로 많이 사용된다. 이때 명령형 문장은 인용문을 사용하든 사용하지 않든 상관이 없다. 의문형의 형식을 취하고는 있지만 답변을 감춰 놓고 찾아내어 보라는 식의 의문형이 아니라, 답이 너무나도 당연하여 상식적으로 이미 알고 있는 것으로 간주하고 던지는 의문형이나 권유를 위한 질문 형식의 제목 역시 감탄형 제목으로 본다.

(3) **애플 야심작 '아이패드(iPad)' 공개**
인터넷 · 음악 · 동영상 · 책 · 뉴스가 내 손안에 '몽땅'
넷북〈휴대용 노트북PC〉 · 전자책 업계 '악!'

… 미국의 두 유력 일간지는 ⓐ 27일(현지시각) 애플이 아이폰 출시 후 3년만에 내놓은 새로운 전략제품 아이패드를 두고 이렇게 평가했다. (… 중략 …) ⓑ 아이팟터치와 아이폰의 성공에 힘입은 애플이 '손안의 멀티미디어' 를 기치로 내건 아이패드라는 신제품을 통해 휴대용 멀티미디어 기기와 신문 · 서적 · 잡지 등 전통적인 콘텐츠 시장까지 장악하려는 의지를 드러냈다는 것이다. (… 중략 …) 아이패드는 또 아이폰처럼 와이파이(Wi-Fi) 무선인터넷과 3세대 이동통신망을 통해 무선으로 인터넷 접속이 가능하다. 인터넷 검색 · 이메일 · 음악 · 동영상 재생은 물론, 신문 · 잡지 · 서적 · 게임 등을 최적화된 환경에서 즐길 수 있다. (… 중략 …) ⓒ 넷북을 주로 생산하는 대만의 PC업체들은 물론, 삼성전자 · LG전자 등 국내 업체들도 일정 부분 시장을 빼앗길 가능성이 크다. 킨들 같은 전자책도 흑백 디스플레이가 읽기는 편하고 전력 소모가 적지만, 화면 전환을 할 때 반응 속도가 느리다는 단점 때문에 매출에 영향을 받을 전망이다. (조선일보 2010년 1월 29일자 A3면 뉴스초점면)

예문 (3)의 경우에는 애플이 새로 내놓은 아이패드에 대하여 관련 업계가 긴장하고 있음을 제목으로 뽑으면서 '악!' 이라는 외마디 소리 감탄사를 내세우고 있다. 제목을 중심으로 살펴보면 본문 ⓐ에서 밝힌 것처럼 애플이 전략 제품 아이패드를 출시했으며, 이 제품은 인터넷은 물론 책과 뉴스에 이르기까지 최적화된 환경에서 즐길 수 있게 만들어졌다. 이로 인하여 관련 업계는 시장을 빼앗길까 두려워하고 있다는 것이다. 하지만 제목과 같이 실제로 '악!' 소리를 낸 업체가 있는 것은 아니다. 다만 편집기자가 기사의 의미를 파악한 뒤 매출에 영향을 받을 업계의 초조한 마음을 독자들에게 느낌이 제대로 전달될 수 있도록 하기 위하여 업계가 마치 비명을 지르는 듯한 의인화 표현으로 감탄형의 형식을 취한 것이다.

(4) "이젠 서로 마음 풀고 용서했으면…"
용산 농성자 사망사건 1년… 현장 찾은 고 김남훈 경사 아버지

… 20일 오후 5시 용산 농성자 사망 사건이 벌어진 서울 용산 남일당 빌딩 근처. ⓑ 이 사건으로 숨진 고(故) 김남훈 경사의 아버지 김권찬(56)씨는 자신의 영업용 택시를 사건 현장에서 100m 떨어진 용산역 근처에 세워뒀다. (… 중략 …) 아버지는 남일당 빌딩 앞으로 바로 가지 않았다. "혹시 내가 가서 저분(유족 측)들의 기분이 상하면 좋을 게 없겠다"는 생각에 반대편 5층 건물 옥상으로 올라갔다. 옥상에서는 남일당 빌딩이 잘 내려다보였다. 오후 7시로 예정된 사망자 5명의 추모식을 앞두고 추모연극 같은 행사가 진행되고 있었다. (… 중략 …) 아버지 김씨는 한동안 말없이 남일당 빌딩을 응시했다. ⓑ 그는 "아들이 1년 전 작전에 나선 건 다 잘되길 바라서였을 것"이라며 입을 뗐다. ⓐ "이젠 서로가 마음을 풀고 용서했으면 좋겠다"고 했다. '용서'가 죽은 아들이 진정 바라는 것이라고 아버지는 믿고 있었다.… (중앙일보 2010년 1월 21일 19면 사람 그리고 사건면)

예문 (4)는 말줄임표를 사용하고 있는 감탄형 제목을 보여 주고 있다. 용산 상가에서 농성하며 경찰과 대치하다 숨진 5 명의 추모식장을 찾은 김권찬 씨. 그는 당시 농성 현장 진압 작전에 참가했다 숨진 경찰특공대원 고 김남훈 경사의 아버지이다. 그는 사건 발생 1 년이 지난 시점에 농성 사망자 추모 행사가 열리는 현장을, 그것도 유족들 눈에 띄지 않게 남몰래 찾아와 "이젠 서로가 마음을 풀고 용서했으면 좋겠다"고 말했다. 비록 서로 대치하는 입장이었다지만 같은 희생자의 부모로서 마음 놓고 나서지도 못하는 그의 말을 편집기자는 그저 "용서했으면 좋겠다"로 끝낼 수가 없었다. "용서했으면…" 그렇게 마지막 말은 비워 놓음으로써 읽는 이로 하여금 긴 여운을 느끼게 하고 있다.

이러한 말줄임형 제목은 말을 줄여 그 안에 들어갈 말이 무엇이었는지 궁금증을 유발하고자 하는 것이 아니라, 독자들로 하여금 화자의 고민을 조금 더 깊이 느껴 보게 하고 스스로 많은 생각을 해 보게끔 유도하고 있다. 따라서 이 제목에서 쓰인 말줄임형의 형식은 주제를 은폐하기 위한 말줄임이 아니라 말을 맺지 못하는 아련함과 그리움과 안타까움, 고민스러움을 강조한 감탄형으로 보아야 한다.

(5) 귀성 13일 오전, 귀경 14일 오후 피하세요
설 연휴 짧아 교통정체 심할 듯

ⓐ 올 설(14일) 연휴 귀성길은 13일 오전이 가장 막히고, 귀경길은 설 당일 오후에 혼잡이 극심할 것으로 전망됐다. (… 중략 …) 귀성길은 설 전날인 13일 오전에 출발하겠다는 응답자가 32.3%로 가장 많았다. 설 당일 오전(12.3%)과 12일 오전(11.3%)에 출발하겠다는 응답이 그 뒤를 이었다. ⓑ 귀경길은 설 당일 오후부터 15일까지 혼잡이 계속 이어질 전망이다. 응답자 중 최

다인 25.5%가 설 당일 낮 12시~오후 6시 사이에 떠나겠다고 답했다.… (중앙일보 2010년 2월 8일 22면 사회면)

예문 (5)는 명령형을 사용하고 있다. ⓐ 설 연휴가 주말과 겹쳐 13~15일로 단 3 일밖에 되지 않아 교통 정체가 심할 것으로 예상된다. 귀성과 귀경으로 나눠 설문한 결과, 귀성은 13일 오전, 귀경은 14일 오후에 가장 많이 할 것으로 응답하였다. 기사는 단순하다. '귀성길은 13일 오전, 귀경길은 14일 오후가 가장 붐빌 것' 이 한 줄의 내용이다. 이런 식의 제목이라 해도 그다지 나쁠 것은 없다. 어차피 정보 전달을 위한 기사이기 때문이다. 그러나 여기에서도 편집기자는 단순한 정보 전달로 끝내기를 거부한다. 친절하게 팁을 주는 형식을 택하고 있다. '이때만은 피하세요' 아하 그렇지! 그래 그 시간대가 붐빈다니 가능하면 다른 날을 택하는 게 좋겠군! 독자에게 단순한 정보 전달 대신 팁을 주는 형식으로 조금이라도 더 머릿속에 각인시켜 주는 편집기자의 센스가 묻어난다. 이러한 명령형 또한 감탄형 제목의 하나이다.

(6) "美사회의 유리천장요?
나를 깨고 소통하세요
학점에 연연하지 말고요
삶의 멘터를 만드세요
그럼 조금씩 깨집니다"
한인2세 美교통부 부차관보 데이비드 김이 말하는 '성공비결'

ⓑ "나를 에워싸고 있는 단단한 껍질을 깨고 스스로를 세상에 던져라. 끊임없이 세상, 그리고 사람들과 소통하라. 학교에서 줄곧 A학점을 받는 것보다는

사회에서 벌어지는 다양한 상호작용을 경험하고 다양한 세상사에 관심을 갖는 것이 중요하다." 지난해 7월부터 육상, 해상, 항공 등 ⓕ 미국의 교통행정을 관장하는 교통부의 부차관보로 임명된 데이비드 김(김성철 · 47 · 사진) 씨는 한인 2세로 미국 공직사회에서 성공할 수 있었던 비결을 묻는 질문에 이같이 답했다. (… 중략 …)

—공직생활에서 중요한 것은 무엇인가.

"내 생각에는 의사소통 능력이라고 생각한다. 사람 간의 관계 속에서 원활하게 관계를 만들어 가는 것이 중요하다. 전형적인 한국 어머니들은 학점을 중요하게 여기고 학교에서 늘 A학점을 받아 오는 학생을 최고라고 생각한다. 하지만 ⓒ A학점이 반드시 사회에서의 성공을 보장해 주지 못한다. (… 중략 …)

—사람과의 관계를 잘 유지하는 비결이 있나.

(… 중략 …) ⓓ 삶의 길을 가르쳐 주는 정신적인 멘터의 존재가 중요하다. 내 멘터는 노먼 미네타 전 교통부 장관이다. (… 중략 …)

—소수민족으로서 공직생활에서 느끼는 좌절감은 없었나.

"완전히 없었다고는 할 수 없지만 제한적이고 미묘한 차별 정도였다고 생각한다. 한국계로서는 행정부에서 차관보가 최고였다. ⓐ 아직은 유리천장(보이지 않는 차별)이 존재하는 셈이다.… (동아일보 2010년 1월 26일자 A10면 종합면)

예문 (6)은 참 재미있는 제목이다. 가로쓰기로 제목이 자유로워지면서 생겨난 형식이다. 제목 자체가 문답식 문장으로 되어 있다. 인용 부호를 사용하고는 있지만 그렇다고 말한 그대로를 옮긴 것은 물론 아니다. 인터뷰한 내용을 문답 형식을 빌려 정리하고 있을 뿐이다. 가끔 제목에 대하여 시비를 거는 내용 중에는 그런 것도 있다. "내가 그렇게 말한 적이 없는데 왜 그렇게 제목을 뽑는가?" 특히 온라인 쪽으로 그런 항의가 자주 들어오곤 한다. 그래서 필자가 온라인 편집 데

스크를 맡고 있는 동안에는 오해를 없애기 위하여 인용 부호는 진짜 화자가 말한 그대로 따올 때만 사용하는 것을 원칙으로 삼기도 하였다. 아무튼 제목에서 질문하고 그 자리에서 바로 답을 해 주는 문답식 역시 감탄형 제목의 한 형식이다.

(7) "깐깐한 인턴교육 덕에 대기업 갔죠"
산업안전보건공단서 배워 한진중공업 취업한 이현덕씨

지난달 28일 경기도 안양의 한 아파트 건설 현장. 시공사인 ⓑ 한진중공업 안전팀의 이현덕(28)씨가 굴착기와 덤프트럭이 움직이는 주변에 사람이 못 다니게 펜스를 설치하고 있었다. (… 중략 …) 복잡한 안전 업무를 익숙하게 처리하는 이씨는 현장 경험이 4~5년은 됨 직해 보였다. 하지만 그는 지난해 11월 특채된 근무 경력 3개월의 신참이었다. (… 중략 …) 지방대 출신인 이씨가 당당히 대기업에 특채된 데다 곧바로 현장에서 능력을 발휘하는 데는 이유가 있었다. 바로 지난해 3월부터 취업 직전까지 ⓑ 9개월간의 한국산업안전보건공단 인턴 경험 덕이다. 그는 (… 중략 …) ⓐ "현장을 돌며 경험을 쌓고, 이론 공부를 하고, 논문을 쓰느라 정말 힘들었지만 그게 취업의 비결이 됐다"고 밝혔다.… (중앙일보 2010년 2월 1일자 22면 사회면)

예문 (7)의 주제목으로 나와 있는 "깐깐한 인턴교육 덕에 대기업 갔죠"라는 표현은 이현덕 씨가 직접 한 말은 아니다. ⓐ에서 인용하고 있듯 그는 "현장을 돌며 경험을 쌓고, 이론 공부를 하고, 논문을 쓰느라 정말 힘들었지만 그게 취업의 비결이 됐다"고 밝혔을 뿐이다. 그가 이유를 조목조목 들어가며 힘들었던 인턴의 경험이 취업의 비결이 되었다는 건조한 문장을, 제목에서는 '깐깐한 인턴교육' 이라는 단순 명쾌한 단어로 설명함과 동시에 '(그) 덕에 대기업 갔죠' 라는 말로 마음에 잔잔하게 울림을 준다. 직접 인용의 형태를 빌려 느낌을 전달하는 제목으로, 감탄형의 대표적 형식 가운데 하나이다.

(8) **[위크엔드] 서울 근교 '철새 명소'**
겨울 가기 전에… 철새 관찰 어때요?

한대와 열대의 중간에 있는 한반도는 겨울 철새들에게 중요한 길목이다. (… 중략 …) ⓑ 겨울이 다 가기 전에 가족들과 한 번쯤 주말 드라이브를 겸해 철새 관찰에 나서보자. 아이들에겐 더없이 좋은 환경 교육도 된다. 환경부와 국립생물자원관이 작년 1월 전국의 겨울새를 조사해 펴낸 '2009년도 겨울철 조류 동시 센서스'를 보면, ⓐ 수도권에도 '철새 명소'라 할 만한 곳이 적지 않다. 서울 · 인천 · 경기도를 가리지 않고 곳곳에 새들이 찾아오는데, "아는 만큼 보인다"고, 사전 조사를 많이 하고 나설수록 더 많이 즐길 수 있다. … (조선일보 2010년 1월 29일자 A27면 메트로면)

예문 (8) '겨울 가기 전에… 철새 관찰 어때요?'는 언뜻 형식으로만 보면 의문형으로 보기 쉽다. 물음표를 넣어 의문문의 형태를 띠고 있기 때문이다. 그러나 내용을 보면 이 제목은 권유문임을 쉽게 알 수 있다. 철새 관찰이 어떤 것인지 궁금해서 누군가에게 '철새 관찰이 어떤 것이냐'고 묻는 것이라면 당연히 의문형이 되겠지만, 예문 (8)은 의문문의 형식만 취하고 있을 뿐 내용상으로는 ⓑ에서 밝히고 있듯 '철새 관찰에 나서 보자'라며 권유를 하고 있다. 이렇게 형식상 의문문의 형태를 띠고 있더라도 내용상 명백한 권유문일 경우에는 감탄형으로 보는 것이 옳다.

2) 강조형 제목

강조형 제목은 온라인, 오프라인 할 것 없이 가장 많이 쓰이는 유형 중의 하나이다. 이, 가, 은, 는, 을, 를, 도, 만 등 어떤 주제나 목적물을 강조하기 위하여 사용하지 않아도 될 조사를 사용하는 경우가 많다. 충격, 덤터기, 남발, 돌파 등이나 마구, 벌써, 오직, 역시와 같이 단어 자체에 강조의 뜻이 들어가 있는 명사 또는 부사어를 추가함으로써 독자들에게 강한 느낌을 받게 하는 제목 또한 이에 해당한다. 그 외에도 '며칠 새 몇 배나 뛰었다', '세계 최강', '초현대식', '대재앙'과 같은 강조형 어구나 접두어 역시 독자들에게 의도를 강조하기 위하여 자주 쓰이는 표현이며, 두 개의 어구를 대조시킨다거나 어휘를 반복 사용함으로써 강조의 뜻을 나타내기도 한다. 요즘 들어서는 눈에 띄는 선 또는 색을 써서 시각적으로 강조하는 방법도 종종 사용되곤 한다.

① 강조용 조사의 사용

(9) 리지웨이, 후퇴작전 짠 참모 즉각 경질 … 반격이 시작됐다
적유령 산맥의 중공군 (19) 서울을 탈환하라
[남기고 싶은 이야기] 내가 겪은 6.25와 大韓民國

… ⓐ 리지웨이는 또 1군단의 작전계획을 살펴보다 작전참모가 후퇴 위주로 작전을 짜놓은 것을 보고 그 자리에서 그 작전참모를 경질해 버렸다. 당시 그가 지휘했던 강력한 반격작전이 제대로 펼쳐진 이유를 알게 해주는 대목이다.
… (중앙일보 2010년 1월 25일자 10면 신년 기획면)

예문 (9)는 6.25 한국전쟁 당시 미 8군 사령관이던 매슈 리지웨이의 성격을 보여주고 있다. 공격적인 리지웨이는 작전 계획이 후퇴 위주로 되어 있는 것을 보고 그 자리에서 바로 작전참모를 경질해 버리고 만다. 화자가 여기서 얘기하고자 하는 것은 그러나 그의 성격이 아니다. 그러한 그의 성격이 제대로 된 강력한 반격을 가능케 했다는 점을 말하고 싶었던 것이다. 즉 화자는 반격 작전을 강조하고 있다. 편집기자는 이 글의 핵심을 파악하고 '반격이 시작됐다' 라는 제목을 뽑게 된다. 기존 편집의 기준으로 보면 '리지웨이, 후퇴 작전 짠 참모 즉각 경질 … 반격 시작' 정도의 제목이 예상된다. 여기서 단순히 '반격 시작' 이 아니라 굳이 주격조사를 넣어 '반격이 시작됐다' 라고 서술형 제목을 단 것은 이 부분을 특별히 강조하기 위함이다. 다른 어떤 것이 아니라 바로 '반격이' 시작되었음을 강조하고 있는 것이다.

(10) 생태계 보호-사회 약자 배려-투명경영 촉진-경영혁신 주도 노조가 한다

"'사회를 위해 무엇을 할 것인지 고민해야 사회가 발전한다' 는 빌 게이츠의 말에 감동을 받았습니다. 노조가 할 수 있는 일을 고민했죠. 회사가 기업의 사회적 책임(CSR) 활동을 하니까 우리는 노조의 사회적 책임(USR · Union Social Responsibility)을 해야겠다고 생각했습니다." 박준수 LG전자 노조위원장은 28일 USR를 선언한 계기를 이렇게 말했다. ⓑ LG전자 노조는 이날 한국 노조 가운데 최초로 USR를 선언했다. ⓐ LG전자 USR의 실천지침은 △생태계 보호 △국내외 사회적 약자 배려 △노조와 회사의 투명성 높이기 △현장에서 경영혁신 주도 등 크게 네 가지로 나뉜다.… (동아일보 2010년 1월 29일자 A2면 종합면)

예문 (10)에서는 주격 조사를 넣어 강조하는 제목의 전형을 볼 수 있다. '생태계 보호-사회 약자 배려-투명경영 촉진-경영혁신 주도' 노조의 사회적 책임을 해야겠다고 생각하여 노조가 실천하고자 하는 내용을 어깨제목으로 우선 나열한다. 주제목은 큰 활자로 아주 단순하게 '노조가 한다' 딱 다섯 음절을 사용하고 있을 뿐이다. 이전까지는 사회적 책임 활동이란 기업에서만 해 왔고, 그것이 당연하게 여겨져 왔다. 그런데 노조가 기업과 마찬가지로 그런 활동을 하겠다고 나선 것이다. 그 내용이 무엇이 되었든 그것은 별로 중요하지 않다. 가장 중요한 것은 그러한 활동을 '노조가' 하겠다는 것이다. 제목은 그렇게 나왔다. 다른 말은 사족에 불과할 뿐이다. '노조가 한다' 이 다섯 음절이면 충분했던 것이다.

(11) '호화청사' 용인시청 에너지 효율은 꼴찌
246개 지자체 청사 작년 1인당 에너지 사용량 조사

ⓐ 경기도 용인시는 2005년 2000억원 가까이 들여 최신식 청사를 지었다. 지상 16층, 지하 2층에 연면적 4만4800㎡ 규모였다. 건축 당시부터 '호화 청사' 라는 비판이 쏟아졌다. 하지만 용인시는 "원스톱 행정서비스를 제공하는 미래를 내다본 건물"이라고 자랑했다. ⓐ 그런데 뚜껑을 열어보니 에너지도 펑펑 썼다. 직원 1인당 에너지 사용 효율이 전국 246개 기초 · 광역 자치단체 중 꼴찌로 나타난 것이다. ⓑ 행정안전부와 지식경제부가 31일 발표한 '2009년 지자체 청사 에너지 사용량 조사 결과' 다. … (중앙일보 2010년 2월 1일자 6면 종합면)

예문 (11)은 강조하고자 하는 내용에 대비되는 내용을 앞에 내세움으로써 주제가 더욱 눈에 띄게 하는 방법이다. 2000억 원 가까이 들여 건축 당시부터 '호화 청사' 라는 비판이 쏟아졌던 용인시청, 그러나 알고 보니 에너지 효율은 형편없더라는 내용이다. 제목 앞에 '호화 청사' 를 내세운 것은 에너지 효율이 꼴찌라는 점을 더욱 돋보이게 하기 위한 장치일 뿐이다. ''호화 청사' 용인시청 에너지 효율 꼴찌' 이렇게만 해도 충분히 앞뒤 단어가 대비되면서 용인시청으로서는 매우 아픈 제목이 된다. 그러나 이 제목에서는 '에너지 효율은 꼴찌' 라며 굳이 주제격 조사 '은' 을 사용하여 앞선 내용에 대하여 강한 반전을 보여준다. '호화 청사, 그런데 에너지 효율은…' 이렇게 하여 이야기하고자 하는 바를 최대한 강조하고 훨씬 더 두드러지게 하고 있는 것이다.

(12) '옛 스포츠 스타도 대거 참가 … 봄이 오는 길을 달렸다
마라톤 시즌 여는 첫 국제대회
지난해 두 배 8200여 명 참여
시민들 어울려 우의 · 건강 다져

… 그리고 ⓓ 우의와 협력 · 사랑 · 건강을 다짐했다. 28일 열린 '2010 고양국제마라톤' 얘기다. ⓒ 이날 대회는 지난해보다 두 배나 많은 8200여 명이 참가해 마라톤 인기를 실감케 했다. ⓐ 참가자들은 포근한 날씨 속에 고양종합운동장~호수로~대화마을 등 경기도 고양시 일산신도시 일대 코스를 달렸다. (… 중략 …) ⓑ 올해 국내에서 국제마라톤 대회가 열린 것은 이번이 처음이다. (… 중략 …) ⓐ 탁구 '사라예보의 전설' 정현숙, 농구 국가대표 센터 박찬숙 · 정은순, 1996년 애틀랜타 올림픽 양궁 금메달리스트 김경욱…. (… 중략 …) 은퇴한 여성 국가대표선수들의 모임인 한국여성스포츠회 회원과 가족 등 100여 명이 이날 단체로 대회에 참가했다. … (중앙일보 2010년 3월 1일자 18면 고양국제마라톤면)

예문 (12)는 마라톤 기사이다. 2010년 들어 처음 열린 국제대회인 '2010 고양국제마라톤' 을 알리고 있다. 제목에서는 이 마라톤 기사 가운데 중요하다고 판

단되는 계절과 참가자를 강조하고 있다. 2010년 첫 국제대회라는 것을 강조하기 위해 '봄이 오는 길을 달렸다' 고 하여 계절적으로 봄이 채 다 오지 않은 시점임을 알려 준다. 또 밋밋한 도로가 아니라 현재 봄이 오고 있는 그 길을 달리고 있는 듯 은유적으로 표현하였다. 그보다 더 강조한 것은 참가자들. 국제대회이니만큼 당연히 유명 선수들도 참가했겠지만 옛 스포츠 스타들이 많이 참가했음에 더욱 힘을 주고 있다. 다른 사람들도 많이 나왔지만 특히 '옛 스포츠 스타도' 대거 참가하고 있다며 강조한다. 이 제목으로 보면, 국제대회라고는 해도 그보다는 특히 시민들의 축제라는 점을 부각시키고 있구나 하는 생각이 들게 한다.

(13) 남자도 벗긴다
남성 아이돌 그룹들 '초콜릿 복근' 상품화

ⓐ 성적 매력을 앞세워 대중의 호응을 끌어보려는 경쟁이 소녀 그룹들 사이에서만 벌어지는 것은 아니다. (… 중략 …) '짐승돌' 이란 말이 나온 이후, 각 그룹의 멤버들은 각종 무대와 방송에서 아무것도 걸치지 않은 상반신을 드러내며 거친 제스처를 보여주는 경우가 부쩍 늘어났다. ⓑ 특히 복근에 대한 관심이 높아져 인터넷에서는 '꿀복근', '초콜릿복근' 등의 말이 유행하기도 했다. 역시 소녀 그룹과 비슷한 방식으로 나이 어린 소년들의 성 상품화가 진행되고 있는 셈이다.… (조선일보 2010년 1월 29일자 A8면 종합면)

예문 (13)은 앞서 예로 든 예문 (10)과 거의 흡사한 제목이다. '남자도 벗긴다' 이 한마디면 사실 다른 얘기를 하지 않아도 웬만하면 내용이 짐작이 가지 않을까? 여자를 벗겨 상품화한다는 얘기는 그동안 너무 많이 나와서 그다지 새로운 내용이 되지 않는다. 그런데 남자를 벗긴다니? 기존 관념으로 보면 의외의 내용이 될 수도 있다. 그래서 제목도 단순하게 '남자 벗기기 늘었다' '남자 벗겨 상품화'가 아니라 '남자도 벗긴다'이다. 여자뿐만 아니라 '남자도' 벗긴다는 한마디로 모든 걸 다 이야기하고 있다.

(14) 밴쿠버 올림픽 중계
결국 SBS만 한다

ⓐⓑ 지상파 방송 3사 간에 논란이 됐던 2010 밴쿠버 겨울올림픽 중계가 SBS 단독 중계로 결정됐다. SBS는 8일 기자 설명회를 열고 지상파와 계열PP를 통해 거의 전 경기를 중계한다고 발표했다. … (중앙일보 2010년 2월 9일자 31면 스포츠면)

예문 (14)는 그동안 논란이 되어 왔던 2010 밴쿠버 겨울올림픽 지상파 중계방송을 SBS 단독으로 하게 되었음을 알리고 있다. 이 제목을 제대로 이해하기 위해서는 그 전의 내용을 알고 있어야 한다. 올림픽 중계를 SBS가 단독으로 하게 되자 다른 지상파 방송들이 안된다며 반발하였으나 결국은 원래대로 단독 중계로 결정되었다는 내용이다. 따라서 제목에서는 원래대로 결정되었음을 강조하기 위하여 '결국' 'SBS만' 한다는 표현을 쓰고 있는 것이다.

② 강조용 단어, 어구의 사용

(15) 현대차 글로벌 점유율 5% 첫 돌파
작년 순익 3조원 육박

ⓐ 현대자동차가 지난해 글로벌 시장점유율 5.2%를 기록해 사상 처음 5%를 넘어섰다. ⓑ 당기순이익도 2조9615억원으로 사상 최고치였다. … (중앙일보 2010년 1월 29일자 E1면 종합면)

예문 (15)에서는 '넘어서' 라는 순 한글 대신 '돌파' 라는 한자어를 씀으로써 그 느낌을 강하게 하고 있다. 한자어 돌파(突破)는 단어 자체의 뜻으로 보면 '쳐서 깨뜨려 뚫고 나아간다' 는 말이다. 매우 강력한 뜻을 담은 단어이다. 쉽게 '넘어서' 또는 '넘어섰다' 하면 될 것을, 강한 의미를 내포하고 있으며 어감도 센 단어를 굳이 제목에 쓴 것은 그만큼 그 내용을 강조하기 위함이다.

(16) 미 "대만에 무기 판매" 중 "군사교류 스톱"… G2 급랭

ⓐ 미국이 대만에 64억 달러(약 7조3600억원)어치의 최신 무기 판매 계획을 밝히자 중국이 강하게 반발, 미 · 중 관계가 얼어붙었다. (… 중략 …) 중국 외교부는 미 국방부의 발표 당일 ▶미국과의 군사교류 중단 ▶안보 · 군축 · 비핵화를 다루는 차관급 대화 연기 ▶무기 판매 미국 기업 제재 조치 등을 내놨다. … (중앙일보 2010년 2월 1일자 3면 종합면)

(17) 중국 하이난 부동산 투기 광풍
국제관광섬 개발 발표에 자금 몰려 … 한 사람이 아파트 100채 사기도

ⓐ '중국의 하와이' 라 불리는 하이난(海南)섬 전역이 투기 광풍에 몸살을 앓고 있다. ⓑ 국무원(중앙 정부)이 지난달 4일 "하이난을 2020년까지 국제관광섬으로 육성하겠다"고 발표한 것이 기폭제가 됐다. (… 중략 …) 중국의 유대인

으로 불리는 저장(浙江)성 원저우(溫州) 상인들은 한 사람이 심지어 100채의 아파트를 사들이기도 했다. … (중앙일보 2010년 2월 9일자 16면 국제면)

(18) "북한 새 화폐 가치 두달 만에 10분의 1로 폭락"
"수입 물가 폭등 … 주민 타격"

ⓐ 북한이 화폐개혁을 단행한 지 두 달 만에 새 화폐의 가치가 10분의 1로 떨어졌다고 일본 요미우리(讀賣)신문이 9일 보도했다. ⓑ 화폐 가치의 폭락은 수입 물가 폭등을 불러 북한 주민들의 생활을 더욱 어렵게 만들 수 있다고 신문은 전망했다. … (중앙일보 2010년 2월 10일자 4면 종합면)

(19) 제약 · 의료기 업체 30곳 전격 세무조사
국세청, 탈세 정황 포착 … 제약사는 법인세도 조사
허위 세금계산서, 매출액 누락, 리베이트 비자금 추적

ⓐ 국세청이 제약업체와 유통업자, 의료기기 제조업체 등 30곳에 대해 25일 전격적으로 세무조사에 들어갔다. ⓑ 세금계산서 없이 의약품을 거래하거나 허위 세금계산서를 통해 탈세를 한 정황이 드러난 곳이다. (… 중략 …) 특히 제약업체에 대해서는 법인세 조사도 함께 실시한다. (… 중략 …) ⓒ 조사 대상 제약업체들은 탈법적 수단으로 비자금을 조성한 혐의를 받고 있는 곳이다. 의약품 도매업자들은 제약업체로부터 판매장려금 명목으로 지급받은 의약품을 세금계산서 없이 판매한 의혹이 있다. 또 의료소모품(의료기기 · 치과재료)과 의료보조기구(온열기)를 생산 · 유통하는 업체들은 매출액을 누락 신고한 혐의가 있다. (… 중략 …) 제약업체에 대해서는 리베이트 탈세 조사를 위해 법인세

조사도 통합해 하기로 했다. … (중앙일보 2010년 2월 26일자 E7면 종합면)

예문 (16)~(19)에서 쓰이고 있는 단어들도 크게 다르지 않다. '급랭' '광풍' '폭락' '전격'과 같이 어감과 뜻이 센 단어를 사용함으로써 독자들에게 강한 인상을 주고 있다. 제목의 특성상 압축과 강조는 필요하겠지만 의도적으로 강한 단어, 특히 한자어를 찾아서 쓰는 것이 그리 좋아 보이지는 않는다. 가로쓰기와 한글 전용 또는 한글 위주의 신문이 자리를 잡은 만큼 예쁜 순 우리말 대신 필요 이상 자극적인 한자어를 사용하는 것은 자제하는 것이 좋겠다.

(20) 세계 최고 원전 운영능력 발판
핵심 기술 완전독립 시대 연다
한국수력원자력

… ⓐ 원전의 안전성에 대한 우려가 여전히 큰 만큼 안정적인 운영이 무엇보다 중요하다. 이런 측면에서 한수원은 세계 최고의 기술력을 보유하고 있다. 한국의 원전 평균 이용률은 2000년 이후 줄곧 90% 이상을 유지하고 있다. 세계 평균 70%에 비해 훨씬 높은 수준으로 그만큼 고장 없이 운영되고 있다는 의미다. 이 같은 운영능력이 뒷받침됐기 때문에 UAE 원전 수출이 가능했다는 분석이다. ⓑ 한수원의 최종 목표는 완벽한 원전기술 독립 실현이다. 한국형 원전 수출에 성공했지만 아직 5%의 핵심 기술은 선진국에 의존하고 있다. … (중앙일보 2010년 2월 26일자 C3면 에너지 코리아면)

(21) 영업이익 2조2346억원
LG화학 사상 최대 실적

ⓐ LG화학은 지난해 연결회계 기준으로 매출 15조8007억원, 영업이익 2조 2346억원, 순이익 1조5071억원을 기록했다고 29일 발표했다. ⓑ 매출 · 이익 모두 창사 이후 최대다. … (중앙일보 2010년 1월 30일자 12면 경제면)

격한 뜻을 가진 한자어를 활용하는 것과 크게 다르지 않겠지만, '최고' 나 '최대' '최다' 와 같이 최고임을 강조하는 단어를 사용하기도 한다. 특히 그 앞에 '세계' '사상' 과 같은 말이 어울리면 어느 것도 감히 견줄 수 없을 정도의 거대한 의미를 담게 된다. 예문 (20)과 (21)의 '세계 최고' '사상 최대' 와 같은 표현이 바로 그것이다. 예문 (20)의 '세계 최고' 라는 표현은 정확히 말하면 '세계 최고 수준' 이 맞을 것이다. 공명하고 정확하게 순위를 가릴 수 있는 것이 아니라면 '세계 최고' 와 같은 표현은 과장이거나 자의적 해석으로 볼 수 있기 때문이다. 어쨌든 이와 같은 제목은 제목 그 자체만으로도 매우 강한 메시지를 전파하게 된다.

(22) "역시 해외파 … 포지션 이해도 높았다"
차범근 수원 감독 코트디부아르전 관전평

ⓐ "선수들이 자기 포지션을 이해하고 있었다." ⓑ 차범근(사진) 수원 삼성 감독은 코트디부아르를 2-0으로 꺾은 한국 축구대표팀을 이렇게 평가했다. ⓐ 차 감독은 "손발을 맞출 시간이 없었지만 확실히 해외파의 경험이 크게 주효했다" 며 "이날 경기만 보면 선진국 조직력이었다" 며 만족스러워했다. … (중앙일보 2010년 3월 5일자 26면 스포츠면)

(23) 또 1조원 … 달아오른 공모주 청약
모베이스 공모에 몰려 … 올 들어 네 번째

ⓐⓑ 지난달 29일 마감된 휴대전화 인증서 보관 서비스 업체 인포바인의 공모주 청약에 1조1749억원의 증거금이 들어왔다. ⓑ 공모주 청약에 1조원이 넘는 증거금이 몰린 것은 올 들어 네 번째다. 지역난방공사(2조4880억원), 선재가공업체인 영흥철강(1조3272억원), 휴대전화 케이스 제조업체인 모베이스(1조3328억원)의 청약에도 1조원 이상이 모였다. ⓐ 공모주 시장에 돈이 몰리고 있다. … (중앙일보 2010년 2월 1일자 E12면 재테크면)

(24) 모바일 황제는 단 하나 … '절친' 이 적이 되다
소송으로 번진 IT대전

인터넷 거인 구글이 미국 정보기술(IT) 업계와 각국 정부의 전방위 견제를 받고 있다. 이로 인해 국제 IT 업계에 전운이 감돌고 있다. ⓑ 스티브 잡스 애플 창업자 겸 최고경영자(CEO)가 2일(현지시간) 구글폰 제조사에 대한 법적 소송을 발표한 건 구글을 둘러싼 IT대전의 신호탄이다. 애플 · 마이크로소프트(MS) 등 'IT 거인' 들이 모바일 인터넷 시장을 구글에 뺏기지 않으려고 실력 행사에 나선 것이다. ⓐ 창업 초기부터 친구처럼 절친한 사이였던 구글과 애플은 냉엄한 비즈니스 세계에서 적으로 돌아서게 됐다. … (중앙일보 2010년 3월 4일자 E3면 종합면)

예문 (22)~(24)는 앞의 예와 같은 한자어는 아니지만, 그 자체가 강조의 뜻을 지니고 있는 단어를 사용한 예이다. 예문 (22)에서 보면 차범근 감독이 해외파 선수들을 평가하면서 "선수들이 자기 포지션을 이해하고 있었다" 며 "확실히 해외파의 경험이 크게 주효했다" 고 말했다. 인용문 어디에도 '역시 해외파' 라는 표현은 보이지 않는다. 이는 편집기자가 해외파를 강조하기 위하여 가져다 붙인 말이다.

'국내파와는 역시 달랐다' '역시 해외파가 잘한다'는 것을 강조하기 위하여 비록 직접인용문이긴 하지만 '역시 해외파'라고 함으로써 국내파와 차별시키고 있다. 따라서 여기에서 쓰인 '역시'와 같은 단어는 강조형으로 볼 수도 있는 반면, 감정이입형으로도 볼 수 있다. 예문 (23)에서는 '또 1조원'이라며 공모주 청약에 몰리는 증거금이 1조 원을 넘는 것이 여러 차례 거듭되고 있음을 강조하고 있다.[33] 예문 (24)는 '모바일 황제는 하나'라고 하였어도 충분했을 것을 굳이 '단 하나'로 표현함으로써 '하나'를 매우 강하게 내세우고 있다. '단 하나' 대신 '하나뿐'으로 해서 '뿐'이라는 조사를 사용하였어도 내용은 마찬가지가 되겠다. 뒤에 이어지는 '절친'이란 '절친한 친구'의 줄임말로서 조어형 제목이기도 하다.

(25) 도요타 사장
일주일 새 두 번
머리 숙였다
수습 나선 '창업가문 리더십'

… ⓐⓒ 일본 도요타자동차의 도요다 아키오(豊田章男 · 54 · 사진) 사장이 5일 고개를 숙였다. 격식을 갖춘 공식 사과로는 처음이지만, NHK 인터뷰에서 한 사과 발언을 포함하면 ⓑ 일주일 새 두 번째다. (… 중략 …) ⓓ 그는 창업자 가문의 일원이다. 위기에 결단을 내릴 수 있는 입장이라는 얘기다. 구원투수 아키오의 진짜 임무는 지금부터다. (중앙일보 2010년 2월 6일자 1면 종합면)

33 예문 (23)에서는 편집기자의 착오가 있었던 것으로 보인다. 부제를 보면 '모베이스 공모에 몰려'라고 되어 있지만 기사는 인포바인 공모라고 밝히고 있다. 이번 인포바인 공모는 청약 증거금으로 1조 원 이상 모인 네 번째이며, 모베이스 공모는 세 번째였다. 기자가 마지막 문장에 나온 모베이스 공모를 이 기사의 메인 내용으로 착각한 듯하다.

(26) 작년 12월 생산 33.9% 증가 … 10년 만에 최고
산업활동 동향 … 소비도 12% 늘어

ⓐ 지난해 12월 광공업 생산이 1년 전보다 30% 이상 늘면서 10년5개월 만에 최고 증가율을 기록했다. (… 중략 …) ⓐⓑ 29일 통계청의 산업활동 동향에 따르면 지난해 12월 광공업 생산은 1년 전보다 33.9% 증가했다. (… 중략 …) ⓑ 소비를 보여주는 지난해 12월 소매판매도 승용차 · 컴퓨터 · 통신기기 등 내구재와 의복 등이 잘 팔린 덕분에 1년 전보다 12.1% 늘었다. … (중앙일보 2010년 1월 30일자 13면 경제면)

예문 (25)와 (26)에서는 기간을 강조하는 명사를 사용하고 있다. 예문 (25)에서 '일주일 새 두 번 머리 숙였다' 는 표현에 주목할 필요가 있다. '일주일에 두 번' 이라고 하였으면 단순히 일주일이라는 기간 중 두 번이라는 수치를 보여주는 것이 되고 말았겠지만, '일주일 새 두 번' 이라고 하여 '겨우 일주일 사이에 두 번이나' 라는 뜻을 함축하고 있다. 예문 (26) 역시 기간을 나타내고는 있지만 내용상으로는 예문 (25)와 정반대가 된다. '새(사이)' 라는 것이 그 기간이 매우 짧다는 것을 힘주어 이야기하고 있는 반면, '만' 은 그 기간이 긴 시간이었음을 강조한다.

(27) 베스트셀러 '맨큐의 경제학' 저자 맨큐 하버드대 교수
"오바마의 월가(街) 개혁, 거친 말보다 정교한 칼로 해야"

… ⓐ 경제학계의 초대형 베스트셀러인 '맨큐의 경제학' 저자이자, 가장 영향력 있는 블로거 가운데 한 명인 그레고리 맨큐(Mankiw · 52) 미국 하버드대 교수는 최근 진행되고 있는 오바마 정부의 월가(街) 개혁을 부분적으로 지

지했다. ⓑ 하지만 그는 "월가를 개혁하는 데 정교한 수술칼을 사용하지 않고 거친 수사로 밀어붙이는 것에 대해서는 반대한다"고 말했다. … (조선일보 2010년 1월 27일자 A14면 석학 인터뷰면)

예문 (27)은 '~해야' 나 '~돼야' 와 같이 강한 주장을 나타내는 어미를 활용한 예를 나타내었다. 맨큐 하버드대 교수는 "월가를 개혁하는 데 정교한 수술칼을 사용하지 않고 거친 수사로 밀어붙이는 것에 대해서는 반대한다"고 말한 것을 제목에서는 '정교한 수술칼을 사용해야' 한다고 하여 말의 순서를 바꿈으로써 내용을 강조하고 있다.[34]

③ 강조용 접두사의 사용

(28) 미 공수대원 3447명 '점프' … 문산 하늘 새까맣게 덮었다
적유령 산맥의 중공군 (25) 퇴로 막아 적을 분산시켜라
[남기고 싶은 이야기] 내가 겪은 6.25와 大韓民國

… ⓐ 때맞춰 135대의 수송기에 나눠 탄 미군의 187 공수전투단 대원 3447명이 문산 상공에서 낙하산을 펼쳤다. 하늘을 새까맣게 가리며 떨어지는 낙하산 부대의 모습이 장관이었다. … (중앙일보 2010년 2월 1일자 12면 신년 기획면)

예문 (28)부터 (32)까지는 강조용 접두사를 제목에 사용한 예들이다.

34 다만 이런 식으로 인용문을 해석하여 어순을 바꾸거나 말을 바꿀 경우에는 조심하여야 한다. 말뜻을 제대로 이해하지 못하였거나, 제대로 이해하였다 하더라도 표현이 정확하지 않았을 경우 자칫 독자로 하여금 오해를 살 수 있고, 또 말한 이의 의도와 달라져 불만을 불러일으킬 수도 있기 때문이다.

예문 (28)은 3447명의 미국 공수대원이 낙하산을 타고 떨어지는 모습을 제목에 '새까맣게 덮었다'고 하여 사람이 엄청나게 많음을 나타내고 있다. 그냥 까맣게 덮었다고만 하여도 충분히 상상이 갈 것을 '새까맣게 덮었다'며 더욱 강조하고 있다.

> (29) 박지은 4연승, 한국 대역전 우승
> 정관장배 세계여자바둑최강전
>
> ⓐ 박지은 9단이 기적 같은 4연승을 거두며 또 한번 대역전 우승을 일궈냈다. 한국기원은 물론 대다수 프로기사조차 승리를 기대하지 않았지만 박지은은 중국과 일본 대표선수 4명을 차례로 꺾고 한국에 우승컵을 안겨줬다. ⓑ 4일 중국 광저우 웨스틴호텔에서 벌어진 제8회 정관장배 세계여자바둑최강전 최종국. … (중앙일보 2010년 2월 5일자 32면 바둑면)

예문 (29)에서 한국은 크게 기대하지 않았던 박지은 9단이 예상을 뒤엎고 기적 같은 4 연승을 거두며 우승을 거두었다. 거의 우승은 힘들다고 생각한 시점에서 내리 네 명을 꺾으며 역전한 상황을 단순히 '역전 우승'이라고 하기에는 너무 한가하다. 이럴 때 힘주어 강조하기 위한 접두사로서는 '대'가 딱 맞는다.

> (30) 환태평양 '제2 쓰나미' 초긴장
> 칠레 8.8 강진, 최소 300명 사망 … 5.0 이상 여진 90여 차례
> 태평양 건너 일본도 쓰나미 피해 … 러시아 · 필리핀까지 여파
>
> ⓑ 칠레 서쪽 태평양 연안에서 지난달 27일 오전 3시34분(현지시간) 규모

8.8의 강진이 발생해 28일 오후 현재 300명 이상이 숨졌다. (… 중략 …) 지진 발생 이후 규모 5.0 이상의 여진이 90여 차례 잇따라 주민들을 공포에 떨게 했다. (… 중략 …) ⓒ 하와이 등 남태평양뿐 아니라 일본에서도 28일 1.2m 높이의 쓰나미가 관찰됐다. 일본 정부는 동부 해안가 주민 32만 명에게 대피령을 내렸다. 필리핀 · 러시아 · 호주에서도 쓰나미가 관측됐으나 규모는 작았다. 미 정부는 28일 태평양 국가들에 대한 쓰나미 경보를 해제했다. ⓐ 그러나 칠레에서 계속되는 여진으로 태평양 연안 국가들은 제2의 쓰나미를 우려하고 있다. … (중앙일보 2010년 3월 1일자 1면 종합면)

예문 (30)은 '제2 쓰나미' 에 초긴장하고 있다는 것을 제목으로 뽑고 있다. 그러나 본문 안에 그런 내용은 없다. 단지 '칠레에서 계속되는 여진으로 태평양 연안 국가들은 제2의 쓰나미를 우려하고 있다' 는 문구가 그에 해당될 듯하다. 본문에서는 그저 '우려하고 있다' 는 정도인데 제목에서는 '초긴장' 이라고 하여 매우 급박한 모양새를 보여 주고 있다. 이는 아마도 '하와이 등 남태평양뿐 아니라 일본에서도 28일 1.2m 높이의 쓰나미가 관찰됐다. 일본 정부는 동부 해안가 주민 32만 명에게 대피령을 내렸다' 라는 부분의 정황이 제목에 영향을 준 것으로 보인다.

(31) '시대의 거울' 신문소설 총정리

… ⓐ 신문소설은 한 시대를 비추는 거울이다. 다른 어떤 장르보다 사회변화를 잘 드러낸다. 신문소설 연구에 천착해온 한원영(전 주성대 학장)씨가 『한국 신문연재소설의 사적 연구』(전 2권 · 푸른사상)을 냈다. ⓐ '신진사문답기' (1896년 한성신보)부터 1990년대 작품까지 한국 신문소설의 발자취를 정리

했다. … (중앙일보 2010년 2월 1일자 27면 문화면)

예문 (31) 역시 제목에서는 총정리라고 표현하였으나 본문을 보면 1896년부터 1990년대 작품까지 정리한 것으로 나와 있다. 이렇게 제목에서는 내용을 독자들에게 강조하기 위하여, 또는 제목이 너무 밋밋하고 강조할 내용이 없을 경우, (추천할 만한 방법은 아니지만) 본문보다는 좀 더 크고 과하게 표현하기도 한다.

(32) 이라크 폭탄테러 한국대사관도 날벼락
인근 호텔가 피습… 36명 사망
공관일부 파손… 인명피해 없어

ⓐⓑⓒ 이라크 바그다드 호텔 부근에서 25일 발생한 폭탄테러로 최소 36명의 이라크인이 숨지고 수십 명이 다친 가운데 주 이라크 한국대사관이 유리창 대부분이 파손되는 피해를 당했다. (… 중략 …) ⓒ 하태윤 주 이라크 대사는 "그래도 직원 모두가 무사한 것이 천만다행"이라고 말했다. (동아일보 2010년 1월 26일자 A2면 종합면)

예문 (32)도 크게 다르지 않다. 이라크에 폭탄 테러가 발생하여 주 이라크 한국대사관도 날벼락을 당했다는 기사이다. 다행히 인명 피해는 없었지만, 한국대사관의 유리창이 대부분 파손되는 피해를 보았다. 기사 내용으로만 보면 제목은 '유리창 파손 피해' 정도로 뽑아도 되겠지만, 편집기자는 이를 강조하기 위하여 '날벼락'이라는 표현을 쓰고 있다.[35] '날벼락'에 쓰인 '날'은 '날강도' '날건달' '날도둑' 등과 같이 좋지 않은 단어 앞에 붙어 '지독한'이라는 뜻을 더하는 접두사이다.

④ 반복된 어휘 및 대구의 사용

(33) 증시는 찬바람 … 펀드는 봄바람
코스피 1700 선 무너진 이후
주식형 펀드에 6500억 몰려

ⓐ 연이은 외부 악재에 증시는 울상이지만 주식형 펀드는 오히려 한숨을 돌렸다. (… 중략 …) ⓑ 9일 금융투자협회에 따르면 코스피지수 1700 선이 무너진 지난달 25일 이후 이달 5일까지 ⓒ 국내 주식형 펀드(상장지수펀드 제외)로는 6500억원이 넘는 돈이 들어왔다. … (중앙일보 2010년 2월 10일자 E11면 재테크면)

예문 (33)의 제목에는 강조를 위한 여러 가지 방법이 사용되고 있다. 일단은 대구가 가장 먼저 눈에 띈다. 증시가 외부 악재에 발목이 잡혀 울상을 짓고 있는 것과는 대조적으로 펀드는 6500억 원이 넘는 돈이 들어오면서 한숨을 돌리고 있는 상황을 제목에서는 '증시는 찬바람 … 펀드는 봄바람' 이라고 표현하고 있다. 증시와 펀드의 현재 상황이 '찬바람' 과 '봄바람' 으로 대비됨으로써 재미있으면서도 한눈에 알아보기 쉽게 요약되었다. 특히 증시와 펀드를 강조하기 위하

35 제목에서 보이는 '날벼락' 이라는 무시무시한 단어는 왠지 유리창이 모두 파손된 정도에는 어울려 보이지를 않는다. 필자가 워낙 큰 사건에 익숙한 탓인지는 모르겠으나 '날벼락' 이라는 제목을 보는 순간 '한국인이 많이 다쳤나 보구나' 하는 생각부터 들었다. '날벼락' 의 사전 뜻풀이를 보자. '아무런 잘못 없이 뜻밖에 당하는 불행이나 재앙을 비유적으로 이르는 말'. 굳이 뜻만으로 보자면 잘못 쓰였다고 할 것까지는 없어 보인다. 그러나 어디까지나 '비유적으로 이르는 말' 이다. 참고로 같은 날 다른 언론에 나온 제목과 비교하여 보시기 바란다.
*조선일보: '바그다드 외국인 겨냥 호텔 3곳 연쇄 자폭테러' (부제: 100여명 死傷… 인근 한국 대사관 유리창 全破), *중앙일보: '바그다드 도심서 잇단 폭탄테러' (부제: 호텔 3곳 이어 정부 건물 공격 / 59명 사망 … 한국대사관도 피해), *한국일보: '바그다드 '그린존' 호텔 연쇄 폭탄테러(부제: 주차장 등서 3차례 최소 36명 사망… 한국대사관 유리창도 거의 깨져), *한겨레신문: '바그다드 폭탄테러…한국대사관 유리창도 깨져' (부제: 연쇄폭발로 36명 사망 / 대사관은 인명피해 없어)

여 굳이 '증시는', '펀드는' 이라며 주제격 조사를 집어넣었다. 게다가 이 제목에는 시장 상황을 찬바람과 따뜻한 바람이 부는 것으로 묘사하는 은유적 표현까지 들어가 있다.

(34) 김상곤 "답변할 필요도, 논쟁할 필요도 없다"
시국선언 교사 징계 거부 관련
검찰 세번째 소환에 출석해 묵비권

ⓒ 직무유기 혐의로 고발당한 김상곤(60) 경기도교육감이 28일 검찰에 출석했으나 묵비권을 행사했다. 김 교육감은 이날 오후 2시부터 수원지검 공안부 영상녹화조사실에서 허태원 검사로부터 3시간20분 동안 조사받았다. ⓐ 김 교육감은 조사가 끝난 뒤 "특별히 답변할 필요가 없고 논쟁할 필요도 없어 묵비권을 행사했다"며 (… 중략 …) ⓑ 교육과학기술부는 경기지역 시국선언 전교조 교사 15명에 대한 징계를 거부한 김 교육감을 지난해 12월 검찰에 고발했다. ⓒ 김 교육감은 "전주지법의 시국선언 교사 무죄판결로 징계 유보가 건전한 상식과 법률에 기초한 것임이 밝혀졌다"며 검찰의 두 차례 소환 통보에 응하지 않았다. … (중앙일보 2010년 1월 29일자 10면 종합면)

예문 (34)에서는 주제를 강조하기 위하여 같은 말을 반복하고 있다. 신문 제목에서는 원칙적으로 한 제목에 같은 단어를 거듭 쓰는 것을 금기시하고 있다. 그러나 예문 (34)와 같이 강조를 위하여 의도적으로 동의어를 반복하는 것은 가능하다. '답변할 필요도, 논쟁할 필요도 없다' 는 말은 전혀 말할 가치를 느끼지 못한다는 뜻을 강하게 내보이기 위하여 힘주어 되풀이하고 있는 것이다.

(35) 자신만만 마라도나, 여유만만 아르헨

… ⓐ 마라도나는 최근 월드컵 준비에 박차를 가하고 있다. 지난 27일엔 국내파 중심으로 대표팀을 꾸려 코스타리카와의 평가전에서 3대2로 승리했다. 이날도 새 얼굴을 대거 기용하는 실험은 계속됐다. (… 중략 …) 최근 아르헨티나팀 분위기도 점점 끈끈해지고 있다는 외신 보도도 있다. 기본적으로 아르헨티나 선수들에게 마라도나는 감독이기에 앞서 경외(敬畏)의 대상이기 때문이다. … (조선일보 2010년 1월 29일자 A24면 스포츠면)

예문 (35) 또한 위 예문들과 대동소이하다. 자신만만한 마라도나가 이끄는 아르헨티나의 여유만만한 모습이 제목 한 줄에 다 녹아들어 있다. '자신만만' 과 '여유만만' … 대구가 되는 말을 멋들어지게 찾아내어 활용한 편집기자의 '자신만만함' 이 느껴진다.

⑤ 눈에 띄는 선이나 색을 사용

(36) **남북 군사 실무접촉**
내일 오전 개성서
정부, 회담 장소 북에 양보

ⓐ 남북은 통행 · 통신 · 통관의 '3통' 문제 해결을 위해 추진해온 군사실무회담을 실무접촉으로 형식을 바꿔 ⓑ 2일 개성공업지구에서 개최하기로 지난달 28일 합의했다. (… 중략 …) ⓒ 국방부 관계자는 "우리 측은 3통 문제를 조속히 해결한다는 입장에서 북측이 주장하는 개성 개최를 수용하되 대표단은 각자 편리한 대로 구성하자고 28일 오전 북측에 통보했고, 북측도 별다른 이견

없이 (회담에) 나올 것이라고 전해왔다"고 설명했다. … (중앙일보 2010년 3월 1일자 10면 종합면)

예문 (36)~(38)은 신문 제목으로서는 매우 파격적이면서도 재미있는 형식들이다. 특히 예문 (36)과 (37)이 그렇다. 예문 (36)을 우선 보자. 남북이 그동안 추진하여 온 군사실무회담에서 '군사'를 빼고 실무접촉으로 바꾼다는 내용이다. '군사실무접촉'이 아니라 '실무접촉'으로 바뀌는 것을 제목에서는 '군사'라는 단어를 빼라는 뜻의 교열 부호를 사용하고 있다. 색깔도 일부러 교열할 때 쓰는 빨간 색을 썼다. 아직은 이런 식의 제목이 낯설어서 뜻이 생각보다 쉽게 다가오는 것 같지는 않지만 이런 형식의 제목이 자리를 잡게 되면 꽤 흥미있는 유형이 될 것으로 보인다.

(37) **이회창 총재**

이회창 대표

선진당 "1인 중심 탈피 조치"

ⓐ 여의도에 '총재' 시대가 끝난다. ⓑ 자유선진당은 7일 이회창 총재의 직함을 '대표'로 바꾸기로 했다고 밝혔다. ⓒ '제왕적 총재'로 상징되는 1인 중심의 의사결정 구조에서 벗어나기 위한 상징적 조치 중 하나라고 한다. … (중앙일보 2010년 3월 8일자 5면 6 · 2 지방선거 누가 뛰나면)

예문 (37)도 비슷하다. 자유선진당의 이회창 총재가 직함을 '대표'로 바꾸기로 하였다는 내용이다. '총재' 직함이 없어지는 것이다. 이 내용을 글로 표현하는 대신 시각적으로 풀어내었다. 눈에 확 띄는 빨간 색을 써 '총재'라는 단어는

X표로 지우고, '대표' 라는 단어에는 O표를 함으로써 보는 것만으로도 '총재 직함을 쓰지 않고 대표 직함을 쓰기로 하였구나' 하는 것을 알 수 있게 하였다.

(38) **동료와 술마시다… 축구하다 다쳐도 국가유공자**

■감사원, 부적절 933명 적발… 자격취소 · 재검 지시

ⓐ #경북도의 6급 공무원 A 씨는 2004년 '부서 회식 뒤 남은 업무를 처리하려고 사무실에 돌아오다가 넘어져 다쳤다' 는 이유로 2006년 국가유공자가 됐다. A 씨는 2008년 3월부터 매달 장애연금 63만여 원을 받았고 자녀 교육비 800만여 원도 수령했다. 사실 A 씨는 부서 회식이 끝난 뒤 업무와 관계없이 일부 동료와 따로 술을 마시다 다친 것이었다. #경기 남양주시의 7급 공무원 B 씨는 2006년 산불감시 대기 근무를 하던 중 무료함을 달래려고 공동묘지 주변에서 동료들과 축구를 하다 무릎을 다쳤다. 업무와 관련이 없는 사고였지만 그는 그 부상을 근거로 국가유공자가 됐다. ⓑ 감사원은 지난해 국가보훈처와 행정안전부, 국방부, 공무원연금관리공단, 보훈복지의료공단 등 5개 기관을 대상으로 국가유공자 등록실태를 조사했다. 그 결과 국가유공자로 등록된 전현직 공무원 3074명 중 993명(32.3%)이 부상 경위를 허위로 꾸며 서류를 제출했거나 관련 기관이 심사를 제대로 하지 않아 부적격자가 각종 혜택을 누린 것으로 드러났다. … (동아일보 2010년 1월 26일자 A14면 사회면)

예문 (38)에서는 '국가유공자' 라는 단어를 활자로 처리하지 않고 마치 도장을 찍은 것처럼 그림을 사용하였다. 그것도 비스듬히 배치함으로써 서류에 '국가유공자' 라는 도장을 찍어 놓은 것처럼 보이게 하였다. 역시 빨간 색을 사용하여 마치 인주를 묻혀 찍은 듯이 표현하였다. 이는 '동료와 술을 마시다 다치거나,

축구를 하다 부상한' 공무원들을 '국가유공자'로 처리하여 준 내용을 강조하기 위한 것이다. 이런 식의 '도장 찍기' 방식은 종종 사용되고 있으므로 이제는 그다지 낯선 제목 유형은 아니다.

3) 은유형 제목

은유형 제목이란 적절한 대상을 찾아 그에 비유함으로써 본문의 내용을 더 쉽고 흥미롭게 전달하기 위한 유형의 제목을 말한다.

이 책에서 말하고자 하는 비유에 대해서는 김혜정의 설명이 매우 적합해 보인다. 김혜정은 비유에 대하여 '명확성과 구체성을 증진하기 위한 형용법으로, 명확성은 흔히 잘 아는 사물과 연합될 때 얻어지며, 구체성은 보다 덜 추상적이거나 덜 일반적인 것과 연합될 때 인상적인 것이 된다'고 주장하면서, '신문 제목에는 이러한 명확성과 구체성을 더하고 관심을 끌기 위해 비유적 표현이 많이 쓰인다'고 지적하고 있다.[36]

(39) 한국 재계 별들도 다보스에 '총총'
기업총수 출국 잇따라

ⓐⓑ 기업 총수 등 재계 지도자들도 27일(현지 시간)부터 닷새 동안 스위스 휴양지 다보스에서 열리는 '세계경제포럼(WEF · 다보스포럼)' 연례 회의에 참석하러 속속 출국했다. … (동아일보 2010년 1월27일자 A10면 종합면)

36 김혜정 '신문 표제어의 텍스트 양상 연구 – 명사 造語와 생략 현상을 중심으로 –' (先淸語文 제 25호, 1997)

예문 (39)도 참 재미있는 제목이다. 기사 내용인즉슨 매우 간단하다. 기업 총수 등 재계 지도자들이 스위스 다보스에서 열리는 '세계경제포럼(WEF · 다보스포럼)' 연례 회의에 참석하러 속속 출국했다는 내용이 전부이다. 그러나 제목에서는 재계 지도자들을 '별' 이라며 은유적으로 표현하면서부터 묘미를 가지게 된다. 지도자를 '별' 로 비유한 것은, 그것으로 끝나는 것이 아니라 그것으로부터 시작되는 것이었다. 한국 재계의 '별' 들이 스위스 다보스 하늘 위에 떴다. 그것도 한두 개의 별이 뜬 것이 아니다. 재계의 내로라하는 지도자들이 '별' 이 되어 속속 다보스에 떴다. 그리하여 제목은 단순히 '재계 별들이 다보스에 떴다' 로 끝내지 않고 '다보스에 '총총'' … 수많은 별들이 잇따라 떠올라 있는 것으로 묘사하였다. 그 외에도 이 제목에서는 '한국 재계 별들도' 라고 하여 다른 부류의 사람들 외에 재계 지도자들도 참석하고 있음을 나타내고 있다. 사람을 별에다 비유하여 표현하면서 그 별들이 '총총' 떠 있는 것을 강조하여 뒤에 설명할 상징형 제목의 특성도 갖추고 있다. 여러 가지 많은 기법이 사용되었지만, 복잡하지 않고 의미 전달도 쉽고 확실하게 이뤄진 제목이다.

(40) '군살' 대신 '새살' 잘라… 빗나간 공기업 구조조정
핵심과제 민영화는 부진
쉽고 편한 감원 등 열올려
252곳서 대졸 초임 삭감
신규채용 '0' 기관 속출

… ⓒ 최근 공공기관들이 인원 감축과 임금 삭감 등 구조조정에 나서고 있다. 정부가 2008년 8월 발표한 '공공기관 선진화 추진 계획' 에 따른 것이다. ⓑⓒ 하지만 자산 매각과 기능 조정 등의 작업은 지지부진한 가운데, 구조조정이 인

원 · 임금 감축에 집중되고 있다. ⓔ 또 일부 기관에서는 기존 직원들의 자리보전을 위해 신규채용을 미루거나 신입직원들의 임금을 깎는 등 부작용도 나타나고 있다. (… 중략 …) ⓓ 기획재정부에 따르면 2008년 이후 252개 공공기관이 대졸 초임을 낮췄다. (… 중략 …) ⓑ 반면 민영화나 자산 매각 등은 지지부진한 상태다. (… 중략 …) ⓐ 공기업 중에선 인원 · 임금 감축 목표를 맞추기 위해 신규채용을 미루거나 신입직원들의 임금을 깎는 곳이 많다. '군살'을 빼는 게 아니라 '새살'이 돋는 것을 막는 것이다. … (조선일보 2010년 1월 27일자 B3면 경제 이슈면)

예문 (40)은 기존의 직원들을 '군살', 신입사원을 '새살'에 비유하고 있다. 아니 '군살'은 기존 직원들 중에서도 특히 잘라내거나 임금을 줄여야 할 '군더더기 직원'을 지칭한다고 하는 것이 더 정확할 듯하다. 어쨌든 적절한 비유를 활용함으로써 잘라내어야 할 '군살'은 그냥 두고 새롭게 돋아나야 할 '새살'을 잘라내는 공기업의 빗나간 구조 조정에 대하여 아프게 지적하고 있다.

(41) "다음은 어디?"… 신의 직장들 실신직전
"비리 처벌 받아야겠지만 너무 몰아세워" 반발도

대검이 15일 압수수색한 한국석유공사와 최근 검찰의 압수수색을 받은 공기업 및 공공기관들은 당혹스러운 표정을 감추지 못하고 있다. 특히 ⓐ 해외자원개발에 중추적인 역할을 맡아온 석유공사에 대해 이날 강도 높은 압수수색이 진행되자 석유공사 임직원들은 큰 충격에 빠졌다. (… 중략 …) 그랜드백화점에 대한 대출과 관련해 전직 직원이 검찰의 수사를 받고 있는 한국산업은행도 검찰의 수사 향방에 촉각을 곤두세우고 있다. (… 중략 …) ⓑ 한편 지난달

25일 건설사 특혜 지원 의혹을 받고 있는 대한석탄공사를 시작으로 검찰 수사가 전방위로 확대되자 공기업들 사이에서는 반발하는 움직임도 나타나고 있다. … (동아일보 2008년 5월16일자 A3면 종합면)

예문 (41)은 대검과 검찰의 압수 수색이 이어지면서 이른바 '신의 직장'으로 불리는 공기업 및 공공기관들이 큰 충격에 빠졌으며, 전방위로 확대되는 검찰 수사의 향방에 촉각을 곤두세우고 있다는 내용이다. 이 기사에 대하여 제목에서 사용한 표현이 아주 재미있다. 제목은 일단 의문형으로 시작한다. "다음은 어디?". 뜬금없다. 밑도 끝도 없이 다음은 어디냐며 물어보고 있다. 그 뒤를 이어 말줄임표가 나온다. 이때의 말줄임표는 생략의 뜻이 아니라 앞에 나타낸 표현에 대한 보충 설명을 하기 위하여 쓰이고 있다. 말줄임표를 보며 독자들은 생각하게 된다. '다음에 이 뜬금없는 제목에 대한 설명이 이어지겠구나.' 물론 설명이 뒤를 잇는다. 그런데 이 설명이 또한 쉽지가 않다. '신의 직장들 실신직전'. 처음부터 본문에 적혀 있는 표현은 단 한 단어도 없다. '다음은 어디'냐고 물어보는 내용도 없으며, '신의 직장들'이라는 표현도 없다. '실신직전'이라는 말은 더더욱 없다. 그러나 이들을 하나하나 연결해 보면 절묘하게도 하고자 하는 내용의 전체적인 줄거리가 이어져 나온다.

이 기사는 어느날 아침 느닷없이 나온 내용이 아니다. 그동안 공기업에 대한 검찰의 수사가 이어졌다는 뉴스가 계속 터져 나왔기 때문에 이 정도 기본 배경은 알고 있다는 전제 아래 나온 제목이다. 이와 같이 이미 사회적 이슈가 된 기사의 경우에는 일반적으로 앞서 벌어진 내용을 알고 있다는 전제 하에 제목을 다는 경우가 많다. 물론 앞서 진행된 내용을 모르고 있으며 부제목조차 아직 읽지 못한 독자들에겐 완전히 뜬구름 잡는 얘기가 되고 말겠지만, 이런 전제 조건을 충족하는 독자들에게라면 이건 정말 재미있는 제목이 된다. 검찰의 전방위

비리 수색에 대해 '다음은 어디일까' '내가 속한 직장이 다음 대상은 아닐까'를 추측해 보는 '신의 직장' 공기업 직원들의 실신하기 직전과 같은 초조함이 너무나도 잘 나타나 있기 때문이다.

이 제목은 대표적인 은유형 제목이며 '신의 직장'이라는 인위적으로 만들어 낸 단어를 쓰고 있는 조어형 제목이기도 하다. '다음은 어디?'냐고 묻고 대답도 해 주지 않는(사실은 기자 자신도 모르는) 의문형 제목이기도 하고, 흐름을 이해하지 못하는 독자들에게는 무슨 내용인지조차 알 수 없게 만든 호기심 유발형의 형태까지도 갖추고 있는, 그야말로 복잡 다양한 수사가 동시에 잘 버무려져 있는 흥미 만점의 제목이다.

4) 감정이입형 제목

감정이입형 제목뿐만 아니라 강조형 제목이나 감탄형 제목 등은 모두 어떠한 수사를 사용하는가의 차이가 있을 뿐이지 기본적으로는 편집기자의 감정이 들어가 만들어지는 유형이다. 그 가운데서도 감정이입형 제목은 특히 편집기자의 감정이 묻어나는 단어를 직접적으로 사용한 유형을 가리킨다. 예를 들면 놀람이나 감탄, 분개를 나타내는 '…라니'와 같은 어미라든가, '도대체' '드디어' '역시' '과연'과 같이 추궁하거나 유감, 경이의 뜻을 나타내는 부사, 또는 '무서운' '착한' '속 타는' '달콤한' '낯 뜨거운'과 같이 어떤 대상에 대하여 편집기자의 감정을 실어 설명하는 수식어 등을 사용하는 제목이 이 유형에 속한다.

(42) '300년 된 1억원대 명품 소나무'를 뽑아가다니…

충북지방경찰청 광역수사대는 22일 국유림에서 ⓐ 수령 300년이 넘는 억대 명품 소나무를 훔친 혐의(산림자원의 조성 및 관리에 관한 법률 위반)로 이모(36)씨에 대해 구속영장을 신청하고 김모(48)씨 등 2명을 불구속 입건했다. (… 중략 …) 경찰에 따르면 이씨 등은 지난 3월21일 밤 11시께 경북 상주시 화북면 용유리 도장산 8부능선(724m) 인근에 있던 소나무(조경수가격 1억원 상당)를 훔친 혐의를 받고 있다. … (동아닷컴 2008년 5월 23일자)

예문 (42)의 제목에 나타난 '뽑아가다니…'의 표현은 어찌할 수 없는 분노와 탄식과 허탈함이 절절이 녹아들어 있으며, 이때의 말줄임표는 의미를 은폐하기 위한 의도가 아니라 너무나도 어처구니 없음에 더 이상 할 말을 잃었음으로 볼 수 있겠다. 본문에서 밝힌 바대로 이 소나무는 단순한 일반 소나무가 아니다. 밑줄 친 ⓐ와 같이 수령 300 년이 넘는 억대 명품이며, 조경수 가격만 해도 1억 원 상당이나 되는 특별한 소나무이다. 그런 점 때문에 편집기자는 자신의 감정을 이렇게 제목 속에 고스란히 노출시킬 수밖에 없었던 것이다.

(43) 태반주사 약효 과연 믿을 수 있나
식약청, 5개 제품 또 판매정지
임상자료 기한 내 제출 안해

… 태반주사는 기운을 돋우고 피부를 좋게 한다고 알려지면서 찾는 사람이 많다. ⓑ 하지만 지난해 14개 제품이 퇴출된 데 이어 최근 5개 제품이 판매 정지됐다. 식품의약품안전청은 ▶경남제약의 태반주사 '플라젠' ▶광동제약 '휴로센' ▶구주제약 '라이콘' ▶대원제약 '뉴트론' ▶드림파마 '클라틴' 등 다섯 가지 제품을 2월 초부터 두 달간 판매 정지한다고 31일 밝혔다. (… 중략 …) ⓒ 식약청 바이오의약품정책과 김광호 과장은 "5개 태반주사제가 약효 재

평가 마감 시한(2009년 12월) 내에 임상시험 자료를 제출하지 않아 판매 정지했다"며 (… 중략 …) ⓐ 국내에서 태반주사제의 효과에 의문이 제기되고 만병통치약처럼 남용되자 식약청이 약효 재평가에 들어갔다. 제약회사들이 임상시험을 해 효능을 입증하도록 했다. 지난해 3월 28개 제품에 대한 1차 조사에서 5개는 효과가 없었고, 6개는 제약회사들이 허가를 자진 취소했다. 17개만 효능이 입증됐다. … (중앙일보 2010년 2월 1일자 20면 사회면)

예문 (43)의 제목을 보면 태반주사의 약효에 대한 편집기자의 불신이 그대로 전해진다. '태반주사 약효 믿을 수 있나' 와 '태반주사 약효 과연 믿을 수 있나' 두 제목을 비교해 보자. '과연' 이라는 단어 하나가 주는 강도의 차이는 상상 외로 커 보인다. 본문 내용은 어떤가? '28개 제품에 대한 1차 조사에서 5개는 효과가 없었고, 6개는 제약회사들이 허가를 자진 취소했다. 17개만 효능이 입증됐다.' 28 개 가운데 17 개 제품에서 효능이 입증되었으므로 60%는 믿을 수 있다는 이야기이다. 그러나 이 글을 편집한 기자는 태반주사가 사람의 건강에 직접적인 영향을 미칠 수 있으므로 제아무리 99% 안전하고 효능이 있다고 해도, 나머지 1%에 대한 의문을 제기하고 문제점을 짚어내는 것이 마땅하다고 생각한 것이다. 따라서 '태반주사 약효 믿을 수 있나' 라는 제목으로도 충분한 것을 의도적으로 편집기자 자신의 감정을 가득 담아 '과연 믿을 수 있나' 라며 강한 톤으로 의문을 제기하고 있는 것이다.

(44) 한산한 그린 … 속 타는 지방 대중 골프장
지방 회원제만 감세 혜택
그린피 차이 안 나 손님 뚝

… ⓐ 지방에 위치한 국내 대중(퍼블릭) 골프장들이 손님들의 발길이 줄어들면서 심각한 경영난을 겪고 있는 것으로 나타났다. (… 중략 …) ⓑ 조특법은 서울 및 수도권을 제외한 지방 회원제 골프장에 세금 감면 혜택을 주는 제도로, 이 법이 시행되면서 이들 회원제 골프장은 내린 세금만큼 그린피를 대폭 인하했다. ⓒ 이에 따라 대중 골프장과의 그린피 차이가 좁혀지면서 내장객이 회원제 골프장으로 발길을 돌리고 있다. … (중앙일보 2010년 3월 10일자 29면 스포츠면)

(45) 부모 자격 없는 몹쓸 어른들…
게임에 빠진 부부, 아기 안 돌봐 영양실조 사망

ⓑ 경기도 수원서부경찰서는 3일 인터넷 게임에 빠져 생후 3개월 된 딸을 집에 상습적으로 방치해 굶어죽게 한 혐의(유기치사)로 김모(41 · 무직)씨와 아내 김모(25)씨에 대해 구속 했다. 이들은 지난해 9월 24일 수원시 세류동 지하 월세방에 딸을 혼자 놔둔 채 인근 PC방에서 밤새 게임을 해 아기가 굶어 숨지게 한 혐의를 받고 있다. (… 중략 …) 부검 결과 '장기간 영양 결핍으로 인한 기아사' 로 판명됐다. … (중앙일보 2010년 3월 4일자 21면 사회면)

(46) 이동국 드디어 한 방 … 지긋지긋한 골 침묵 깼다
동아시아축구선수권

ⓐ 이동국(31 · 전북 현대)이 지긋지긋했던 골 침묵에 마침표를 찍고 1454일 만에 A매치 골맛을 봤다. ⓑ 이동국은 7일 일본 도쿄 국립경기장에서 열린 동아시아 축구선수권대회 첫 경기에서 홍콩을 상대로 전반 32분 헤딩으로 팀

의 세 번째 골을 뽑으며 5-0 대승을 거들었다. ⓐ 2006년 2월 15일 멕시코전 결승골 이후 4년 동안 17경기 끝에 거둔 천금 같은 골이었다. … (중앙일보 2010년 2월 8일자 28면 스포츠면)

(47) LG 9연승 … 무서운 공동 3위
KCC 4연패 … 불안한 공동 3위
LG, KCC에 값진 승리
순위 같지만 명암 갈려

… ⓐⓒ LG는 3일 창원에서 열린 프로농구 홈 경기에서 KCC를 89-80으로 이기고 9연승을 이어갔다. ⓑ KCC는 지난 1월 31일 하승진(25 · 2m21㎝)이 종아리 근육을 다쳐 엔트리에서 빠진 이후 분위기가 가라앉더니 최근 4연패에 빠졌다. 한때 정규리그 우승까지 노렸던 KCC는 단독 3위 자리마저 흔들리더니 이날 LG에 공동 3위 자리를 허용했다. ⓐ LG는 정규리그 5위에 머무는 듯했지만 막판 무서운 기세로 연승을 이어가며 공동 3위로 치고 올라갔다. (… 중략 …) ⓓ 만일 KCC가 이날 LG를 꺾었다면 정규리그 3위를 확정 지을 수 있었다. KCC는 6일 SK, LG는 7일 모비스와 정규리그 마지막 경기를 치른다. 두 팀이 동률을 이룰 경우 다득점에서 앞서는 KCC가 3위를 차지하게 된다. 그런데 이날 경기가 없었던 동부(33승19패 · 5위)가 정규리그 최종일에 KCC · LG와 최종 승률이 같아질 경우 세 팀 간 상대전적을 따져야 한다. KCC와 동부는 3승3패로 팽팽하고, LG는 동부에 4승2패로 앞서 있다. 따라서 세 팀이 동률을 이룰 경우 세 팀 간 상대전적에서 앞서는 LG가 3위가 된다. … (중앙일보 2010년 3월 4일자 29면 스포츠면)

(48) 나이 들어 더 뜨겁다
99세 작가의 사랑 노래
국제갤러리 루이즈 부르주아 작품전 '꽃'

… ⓑ 프랑스 출신 미국화가 루이즈 부르주아(Louise Bourgeois · 99 · 사진)는 ⓐ 나이가 무색하게 생에 대한 더 강렬한 에너지를 터뜨리고 있다. (… 중략 …) ⓒ 서울 소격동 국제갤러리 신관에서 24일 개막한 '루이즈 부르주아' 의 드로잉 · 조각전은 (… 중략 …) ⓑ 부르주아가 뼈대만 응결시켜 그린 드로잉은 인간이 살아있을 때 알고 가야 할 마지막 노래를 부르고 있다. … (중앙일보 2010년 2월 1일자 20면 사회면)

예문 (44)~(48)에서는 감정이 묻어나는 동사나 형용사, 관형사를 사용하여 편집기자의 사심(?)이 드러나는 예를 볼 수 있다. 예문 (44)에는 손님이 없어 한산한 골프장의 '속 타는' 마음을 담았다. 기사 어디에도 있는 표현은 아니지만 지방 대중 골프장의 현실을 편집기자는 '속 타는' 마음으로 읽어내고 있는 것이다. 특히 예문 (45)에서는 '부모 자격 없는' 이라고 하여 매우 주관적 판단에 의한 감정이 여과 없이 나타난 데 이어 '몹쓸 어른들' 이라는 격한 표현으로 감정이입의 정수를 보여준다. 예문 (46)의 제목에도 역시 편집기자의 감정이 그대로 드러나고 있다. 이동국이 무려 1454 일 만에 A매치 골 맛을 보았다. 여기에 '드디어' 라는 부사는 너무나도 당연한 수식이다. 1454 일 만이라니 어찌 '지긋지긋' 하지 않을 수 있었겠는가. 이동국 선수 본인은 물론, 현장에서 기사를 쓴 취재기자나, 제목을 다는 편집기자나, 기사를 읽는 독자나 모두 '지긋지긋' 했을 터이다. 제목에 들어가 있는 '지긋지긋' 한 감정이입은 그래서 그 어떤 제목보다도 더 자연스럽게 다가온다. 예문 (47)이나 (48)에서 쓰이고 있는 '무서운', '불안한', '뜨겁다'와 같은 형용사들은 편집기자의 감정을 담아낼 때 사용하는 대표적인 표현들이다.

5) 상징형 제목

상징형 제목이란 '흔들', '아찔', '기웃기웃', '쑥쑥', '껑충', '출렁' 등과 같이 형태나 행동의 양태를 나타내 주는 부사어를 활용하여 직설적인 표현이나 구구절절한 설명을 배제한 채 한눈에 어떤 상태인지를 알 수 있게 해 주는 유형의 제목을 가리킨다.

임준수는 제목에서는 정확하고도 의표를 찌르는 표현이 가장 중요하지만, 어감과 리듬도 무시 못할 비중을 차지하며, 그 이유는 같은 의미라도 표현 방식에 따라 독자에게 주는 전달 효과가 크게 달라지기 때문이라고 주장[37)]하고 있는데 이 주장에 가장 어울리는 유형의 제목을 들라면 상징형 제목을 우선 꼽을 수 있을 것이다. 왜냐하면 상징형 제목에 쓰이는 상징어에는 다양하고 섬세한 의미 전달 기능과 간결하고 함축적인 형식상의 장점이 내포되어 있다는 점에서 상징어를 사용한 표현 효과는 크다고 할 수 있기 때문이다. 신문 기사의 제목에서 상징어가 자주 쓰이는 것은 그만큼 상징어가 전체 기사의 내용을 함축하는 데 효과적이라는 반증이기도 하다. 상징어는 또한 리듬 효과를 잘 나타낼 수 있으며, 자·모음 바꾸기에 의해 다양한 어감을 표현할 수 있다는 점에서 제목의 전달 효과를 높일 수 있는 유형이라 할 수 있다.[38)]

37 임준수 '신문은 편집이다' (나남출판, 1995)
38 김홍범, 박동근 '신문 기사 제목에 쓰인 상징어의 분석' (배달말 29호, 2001)

(49) "꼼꼼한 한국소비자 입맛 맞추니 경쟁력 쑥쑥"
한국P&G 오쿠야마 사장

… ⓑ 글로벌 생활용품업체인 한국피앤지(P&G) 오쿠야마 신지 사장은 본지 인터뷰에서 ⓐ "꼼꼼한 한국 소비자들의 입맛을 맞추려 노력한 것이 자연스럽게 매출 증가로 이어졌다"고 말했다. 한국 소비자는 까다롭기로 유명한 일본 소비자들보다도 더 꼼꼼하지만 이런 기대 수준에 맞추려 노력하는 과정에서 회사의 경쟁력도 높아졌다는 것이다. … (조선일보 2010년 1월 27일자 B2면 뉴스와 사람면)

예문 (49)의 제목은 "꼼꼼한 한국 소비자들의 입맛을 맞추려 노력한 것이 자연스럽게 매출 증가로 이어졌다"고 말한 한국피앤지(P&G) 오쿠야마 신지 사장의 말에서 따왔다. 신지 사장은 한국 소비자의 입맛을 맞추려 노력하는 과정에서 매출도 늘고 경쟁력도 높아졌다고 말하였다. 그러나 제목은 '경쟁력 높아져'나 '경쟁력 제고'가 아니라 '경쟁력 쑥쑥'으로 뽑혔다. 단순히 경쟁력이 커졌다고 하면 너무 밋밋한 제목이 되고 만다. 그것을 '쑥쑥'이라고 표현함으로써 부쩍 높아진 경쟁력이 눈에 보이는 듯하면서도 느낌이 생생히 살아난다.

(50) '바다 엑스포' 준비 곳곳서 착착 … 달아오르는 여수
2012 여수세계박람회 D-800

ⓐ 3일 오후 전남 여수시 신항지구. 포클레인들이 콘크리트 덩어리와 폐 쓰레기 등을 치우느라 바빴다. 신규섭(50) 대림건설 현장소장은 "지난해 10월 중순 시작한 공사 장애물 철거작업을 마무리하고 있다"며 "다음달에는 박람회장 토목공사가 시작될 것"이라고 말했다. 박람회장 예정지 북쪽으로 산뜻한 여수

역 건물이 보인다. 박람회 기간 중 관람객들이 가장 많이 이용할 교통시설이다. 이곳에서 시작되는 전라선(익산~순천~여수) 철도를 복선 전철화하는 공사도 한창이다. (… 중략 …) ⓑ 800일 앞(4일 기준)으로 다가온 여수세계박람회 준비 현장이다. … (중앙일보 2010년 3월 4일자 25면 전국종합면)

예문 (50) 또한 마찬가지이다. 기사는 2012년 세계박람회가 800 일 앞으로 다가온 시점에 찾아가 본 여수의 준비 현장을 그리고 있다. 여기저기 공사가 한창 진행되고 있는 모습을 생동감 있게 써 나가고 있는 기사에서는 그러나 '준비가 착착 진행되고 있다' 는 표현은 어디에서도 보이지 않는다. 편집기자는 기사 전체의 흐름을 읽고 이만하면 곳곳에서 준비가 계획대로 잘 진행되고 있다고 판단한 것이다. 그것을 '착착' 이라는 단어로 압축하여 내었다. '착착' 단 한마디에 준비가 제대로 되어 가는구나 하는 느낌이 가슴 속에 확 와 닿지 않는가?

(51) 실력 짱짱 아이디어 팡팡
뭔가 다른 요즘 루키들
회사가 젊어졌어요

… ⓑⓒ 치열한 입사 경쟁을 뚫은 신입사원들이 회사에 새 바람을 불어넣고 있다. (… 중략 …) ⓑ 신입사원 채용을 담당하는 현대백화점 임은우 부장은 "최근 몇 년 사이에 입사한 신입사원들이 눈에 띄게 달라졌다" 며 ⓐ "자신감이 넘쳐 자기 의견을 내는 데 주저함이 없다" 고 말했다. 고려대 사회학과 조대엽 교수는 "요새 젊은이들은 '신(新)유목 세대' 로 정의할 수 있다" 며 "자신의 능력을 인정받거나 발휘할 수 있는 곳이라면 경계를 넘어 서슴없이 뛰어드는 게 특징" 이라고 말했다. … (중앙일보 2010년 3월 3일자 E9면 산업면)

예문 (51)은 두 개의 단어를 대비시켜 생동감을 살리고 있다. 앞의 '짱짱'과 뒤의 '팡팡'은 같은 형태와 비슷한 발음을 가지고 있어 마치 대비와 반복이 겹쳐 쓰이는 듯한 인상을 주고 있다. 그러나 사실 뒤에 쓰인 '팡팡'은 상징형 제목에서 쓰이는 의태어인 반면, '짱짱'은 의태어가 아니라 '짱짱하다'에서 어근만 따온 형용사이므로 성격이 전혀 다른 단어이다. 그럼에도 불구하고 여기서는 두 단어가 풍기는 뉘앙스와 발음 끝의 울림이 절묘하게 어울리며 제목의 맛을 제대로 살려내고 있다.

6) 패러디형 제목

박금자는 '풍자적 희화'로 번역되곤 하는 패러디에 대해 '희화(戱畵)'라고 보기에는 어려운 점이 있다고 주장한다. 그는 과거의 유산을 '긁어모아' 다시 찍어 내기는 하지만 그 정신과 이데올로기는 과거의 것과 다른 것을 표상한다는 점에서 인용이나 단순한 다시 찍어 내기와는 다르며, 신문에서 광범위하게 발견되는 패러디한 제목은 원래 가졌었던 의미에서 현재의 시대 상황, 시대의 맥락에 따라 두 번째의 의미(second layer of meaning)를 가지게 되는 이른바 '중첩코드화(overcode)'가 된다면서 패러디한 신문 제목도 그런 겹기능을 갖는다고 말하고 있다.[39] 패러디형은 따라서 이미 유명해진 유행어나 조어, 또는 영화나 노래 제목, 심지어 사람 이름 등을 인용하고 어감이 비슷한 말로 표현함으로써 독자들에게는 더욱 친숙하게 다가가게 함과 동시에 원래 그 말이 갖고 있는 의미에 덧붙여 편집기자가 부여하고 싶은 의미까지 중첩시킬 수 있는 매우 효과적인 유형의 제목이라 할 수 있다.

39 박금자 위 논문 (1999)

(52) 김주성처럼 막고
함지훈처럼 꽂는다
'부지런한 정자씨'
금호생명 신정자, 매 경기 한발 더 뛰며 더블더블급 활약

… ⓐⓑ 김주성(동부)의 수비력과 함지훈(모비스)의 센스를 두루 갖춘 선수가 여자농구에 있다. ⓓ 금호생명의 파워포워드 신정자(30 · 1m85㎝)다. 신정자는 득점 7위(15.7점), 리바운드 1위(10.7개), 어시스트 7위(4.8개), 블록슛 2위(1.7개 · 이상 9일 현재 기록)에 올라 있다. (… 중략 …) ⓓ 매 경기 성적이 더블더블급이다. (… 중략 …) ⓒ 비결은 부지런함에 있다. … (중앙일보 2010년 2월 10일자 29면 스포츠면)

예문 (52)는 금호생명의 파워포워드 신정자 이야기를 다루고 있다. 신정자는 매 경기 더블더블급 활약을 펼친다. 남자 선수인 김주성의 수비력과 함지훈의 센스를 모두 갖췄다. 그래서 김주성처럼 막고 함지훈처럼 꽂아 넣는다. 신정자의 활약 비결은 부지런함이다. 제목에서는 이를 내세우고자 하였다. 다만 '부지런한 신정자'와 같은 식으로 가자니 어딘가 좀 부족하고 맛이 없어 보인다. 그래서 생각하여 낸 것이 영화 '친절한 금자씨'이다. 영화 제목을 살짝 패러디해서 '부지런한 정자씨'로 하니 내용도 쉽게 머릿속에 들어오면서 영화 제목이 떠올라 친숙함이 함께 느껴진다.

(53) 윤용인의 '아저씨 가라사대'
"이것들아, 우리 땐 최루탄 연기로 피부 관리했단다"

… 팀장은 아이 크림은 이십대부터 발라야 한다는 등, 선크림은 겨울철 집에 있을 때에도 발라줘야 한다는 등 술집에 혹시 자외선이라도 쳐들어올까 봐 사주경계를 게을리하지 않으며 말을 한다. (… 중략 …) ⓑ "야 이것들아. (… 중략 …) 우리 땐 최루탄 연기로 피부 관리했어, 이 나쁜 쌍쌍바들아." (조선일보 2010년 1월 27일자 A20면 홈&라이프면)

예문 (53)의 제목에는 영화 대신 TV에서 나오는 개그 프로의 유행어를 가져다 붙였다. 개그콘서트의 '분장실의 강선생님' 코너에서 개그우먼 안영미가 독특한 목소리로 매번 "똑바로 해 이것들아, 우리 땐 상상도 못했어"하는 유행어가 그것이다. 요즘 젊은이들이 이것저것 화장품을 바르며 피부 관리를 한다는 말에 글쓴이가 이 유행어를 차용하였고 그 말을 제목으로 내세웠다. 마찬가지로 제목을 읽으면서 개그콘서트를 떠올리게 되고, 왠지 모를 친근감 속에 웃음을 지으며 무슨 내용인지 더욱 관심을 가지게 된다.

(54) 펀드시장 '삼바 삼바 삼바'

베트남→중국→인도→브라질?' 해외 펀드도 유행을 탄다. 2006년에는 베트남 펀드가 떴고 지난해에는 중국 펀드와 인도 펀드가 폭발적인 인기를 모았다. 하지만 올해 들어 이들 국가에 투자하는 해외 주식형 펀드는 수익률 추락으로 뒨서리를 맞았다. 이제 투자자들의 관심은 어디로 향하고 있을까. ⓐ 새롭게 스포트라이트를 받고 있는 곳은 '삼바의 나라' 브라질이다. 원자재 값 상승의 수혜국인 브라질은 올해 글로벌 증시 조정에도 연일 증시가 사상 최고치를 행진 중이다. 덕분에 브라질 펀드 수익률은 계속 치솟고 있다.… (동아닷컴 2008년 5월 13일자)

예문 (54)의 내용은 아주 간단하다. 브라질 펀드가 수익률이 계속 치솟으면서 국내의 해외 주식형 펀드 시장에서 떠오르고 있다는 이야기이다. 그런데 제목은 달랑 '펀드시장 '삼바 삼바 삼바'' 이것으로 끝이다. 하지만 삼바는 브라질을 대표하는 춤이고, 따라서 이 제목을 읽는 독자들(네티즌)은 그 한마디로 '삼바의 나라' 브라질을 어렵지 않게 떠올릴 수 있게 된다. 펀드 시장과 브라질은 이렇게 해서 자연스럽게 연결이 된다. 그러나 '펀드 시장=브라질'은 아니다. 여기에서 다시 주목하여야 할 것이 바로 '삼바'가 아닌 '삼바 삼바 삼바'라는 점이다. 삼바는 단순히 브라질을 떠올리게 하겠지만, '삼바 삼바 삼바'는 유행가 가사를 패러디한 것으로 '삼바 춤을 추고 있는 상황'을 전개시킨다. '삼바 춤을 추고 있는 상황'에서 매우 경쾌하고 활발하며 활기찬 모습을 연상하게 되고, 그제서야 비로소 펀드 시장에서 브라질을 떠올리게 된다. 그것도 그냥 브라질이 아니라 신바람이 나서 삼바 춤을 추는 브라질이다. 그 모든 이야기가 바로 '삼바 삼바 삼바' 속에 담겨 있으며, 독자들의 눈길을 끌면서 편집기자가 전달하고자 하는 중첩된 두 번째, 세 번째 의미가 고스란히 녹아들어 있는 것이다.

7) 인용형 제목

인용형 제목은 크게 보면 위에서 따로 분류한 패러디형과 묶어서 볼 수도 있겠다. 다만 이 책에서 이들을 따로 떼어 낸 것은, 패러디형의 대상으로 삼은 것이 유행어나 조어, 영화 제목, 가요 등과 같이 다소 경박하고 친근하게 접근할 수 있는 것이라면, 인용형의 대상으로는 명언, 속담, 격언 등으로 하여 무게감 있고 점잖아 보이며 다소 격식이 있는 것을 구분하기 위함이었다. 인용을 광의로 해석하여 그 안에 패러디까지 집어넣어 분류하기도 한다.[40]

(55) 20대 초반 산모, 가물에 콩 나듯

20년 전 한 해 33만 명 출산 … 작년엔 고작 2만 명

ⓐ 20년 전만 해도 한 해에 30만 명 넘게 아이를 낳던 20대 초반 여성들의 출산이 이제는 그 10분의 1도 안 되는 2만 명 수준까지 떨어졌다. (… 중략 …) ⓑ 2일 통계청의 2009년 출산통계 잠정결과에 따르면 지난해 20대 초반(20~24세) 여성의 출생아는 2만4400명으로 전년의 2만8173명보다 13%가량 감소했다. 이는 비교 가능한 통계가 있는 1981년에 20대 초반 여성의 출생아 수(33만5331명)에 비하면 14분의 1 수준이다. … (중앙일보 2010년 3월 3일자 E7면 종합면)

예문 (55)를 보면 20 년 전에는 한 해 33만 5331 명이던 20 대 초반 산모의 출생아 수가 2009년에는 10분의 1도 안 되는 2만 4400 명으로 뚝 떨어진 것을 알 수 있다. 그만큼 요즈음 들어서는 아이를 낳는 20 대 초반 여성이 엄청나게 줄어들어 찾아보기조차 힘들게 되었다는 말이 된다. 제목에서는 이를 그저 '20대 초반 산모 찾아보기 힘들다' 는 식으로 표현하지 않고 대신 '가물에 콩 나듯' 한다는 속담을 인용하여 쓰고 있다. 적절한 속담을 끌어다 씀으로써 의미가 강하면서도 이해하기 쉽게 전달되는 효과를 노리고 있는 것이다.

(56) 모비스, KT에 뺨 맞고 KCC에 화풀이

주말 1승1패하며 1위 지켜

삼성 3연승, 6강 PO 눈앞

40 Karrer(1991) 'Titles and Mottes, in H. Plett (eds.) Intertextuality, Walter de Guyter, Berlin, New Yok.— 박금자 위 논문(1999)에서 재인용.

> … ⓐ 모비스가 KT에 뺨 맞고 KCC에 화풀이를 했다. ⓑ 선두 자리도 굳게 지켰다. 선두 모비스는 3위 KT(6일), 2위 KCC(7일)를 연달아 상대한 '운명의 주말'에 1승1패를 거뒀다. 6일 KT에 연장 끝에 경기를 내줬지만 7일 울산 홈 경기에서는 82-60으로 크게 이겼다. 이로써 모비스는 선두를 유지했고, (… 중략 …) ⓒ 6위 삼성은 6일 전자랜드를 꺾은 후 7일 SK를 77-69로 제압하며 3연승을 달렸다. 삼성은 7위 전자랜드를 5경기 차로 밀어내 8시즌 연속 플레이오프 진출에 성큼 다가섰다. … (중앙일보 2010년 2월 8일자 29면 스포츠면)

예문 (56)도 마찬가지로 속담을 인용하고 있으나 형태가 약간 다름을 볼 수 있다. 예문 (55)에서는 '가물에 콩 나듯'이라는 속담을 원문 그대로 인용하였지만, (56)에서는 속담에 들어간 단어를 필요한 말로 대치하여 사용하고 있다. 이 제목에서 인용한 속담의 본래 문장은 '종로에서 뺨 맞고 한강에 가서 눈 흘긴다'일 것으로 보인다.[41] 이 속담이 어느 때부터인가 '동대문에서 뺨 맞고 서대문에서 화풀이한다'로 바뀐 것으로 보이는데, 위 예문의 제목은 이 바뀐 속담을 염두에 두고 지은 것이다. 어쨌든 필요한 단어만 살짝 바꿔치기하여 원 속담의 맛은 살리면서도 하고자 하는 말을 그 속담의 틀 안에서 모두 설명하고 있다.

(57) '분란〈紛亂〉' 집에 부채질?
민주 이강래 원내대표 "친이-친박 갈라서라"

41 네이버의 '진실을 찾는 카페 「C.F.H」'에서는 한국의 속담 '동대문에서 뺨 맞고 서대문에서 화풀이한다'가 일본 속담 '병영의 문에서 뺨을 맞고 돌아가고 부인을 때린다(營門で頬を打たれ, 家に歸って女房を毆る)'에서 온 것이 아닌가 보고 있다('… 뺨을 맞고 돌아가고 부인을 때린다'에서 '돌아가고'는 '돌아가서'의 오기(誤記)로 생각된다). 원래 우리 속담이었다면 동대문이 아니라 흥인문이었을 것이라는 얘기이다. 일견 일리가 있어 보이나 비슷한 한국 속담인 '종로에서 뺨 맞고 한강에 가서 눈 흘긴다'에서 변형된 것으로 보는 게 맞을 것 같다. 전체적인 내용도 같고 형태로 보아도 그 쪽이 더 가까워 보인다.

ⓑ 민주당 이강래 원내대표는 세종시 계획 변경을 둘러싼 한나라당의 친이(이명박)-친박(박근혜)계 갈등과 관련해 28일 "(친이계와 친박계는) 깨끗이 갈라서서 다른 당으로 마주하는 게 옳은 것 같다"고 주장했다. ⓐ 이 원내대표는 이날 당 고위정책회의에서 "날이 갈수록 저러고도 (친이계와 친박계 그룹이) 같은 당이고 동지라 할 수 있느냐"며 이같이 말했다. … (동아일보 2010년 1월 29일자 A8면 종합면)

예문 (57)은 한 발 더 나아갔다. '불 난 집에 부채질한다'는 속담 중에서 '불 난 집'의 '불 난' 부분을 '분란(紛亂)'이라 하여 발음만 같은 전혀 다른 단어를 절묘하게 갖다 붙였다. 즉 전체 발음은 원 속담 그대로 '불 난 집에 부채질'하고 있느냐는 소리가 되지만, 실제 내용은 세종시 계획 변경을 둘러싼 한나라당의 친이(이명박)-친박(박근혜)계 간 분란을 두고 민주당에서 부채질하고 있는 것이 아니냐는 말을 하고 있다. 편집기자의 언어적 센스가 돋보이는 제목이다.

8) 조어형 제목

조어란 명사화 압축 현상을 말한다. 명사화 압축 현상은 우선 다수의 의미 자질들을 하나의 '낱말 복합체'에 집중시킴으로써 복잡한 통어적 구조를 피할 수 있으며, 마치 단일어처럼 아무런 통사론적 제약 없이 한 문장에 개입될 수 있는 장점을 갖는다. 명사는 기억 실험에서 동사보다 더 높은 기억률을 나타내며, 특히 조어는 구나 절에 비해 낱말이 갖는 안정성, 개념 응축력 때문에 다른 언어 성분들에 비해 더 잘 기억되므로[42] 조어형 제목은 독자들의 뇌리에 각인되기 쉬

42 김인자 '조어와 텍스트의 상호작용에 대하여' (텍스트언어학 제 1권, 1993)

운 유형으로 볼 수 있다. 이에는 문자로 볼 수 없는 화살표나 이모티콘, 수학의 수식 기호 등도 포함된다.

(58) 모태범보다 센 근지구력…이 악물고 키운 22인치 '금벅지'
남자 뛰어넘는 '몸짱 파워걸' 이상화

ⓑ "얘 좀 봐봐. 네가 여자냐?" 2010 밴쿠버 겨울올림픽스피드 스케이팅 남자 대표팀 동료들은 툭하면 이상화(21 · 한국체대)에게 이렇게 농담을 던진다. 다부진 체격(키 1m64㎝ · 몸무게 65㎏) 때문이다. ⓐ 남자 스프린터에 버금가는 굵은 허벅지(둘레 22인치)에 목 뒷덜미 근육까지 잡혀 있다. (… 중략 …) 이상화의 파워는 대표팀에서도 손꼽힐 정도다. ⓐ 특히 근지구력(근육의 수축과 이완을 오래 반복할 수 있는 능력)은 남녀 통틀어 최고 수준이다. (… 중략 …) 남자 빙속 대표 이강석(68%) · 이규혁(71%) · 모태범(73%)보다 높았다. (… 중략 …) 토리노 올림픽 이후 이상화는 한국 빙속의 한계, 여자 스프린터의 한계를 넘어서기로 결심했다. 남자처럼 강해지는 게 목표였다. 튼실한 허벅지는 그래서 만들어졌다. 여성적인 아름다움과는 거리가 멀지만 ⓐ 네티즌들은 이상화의 허벅지를 두고 '꿀벅지(예쁜 허벅지의 속된 표현)' '철벅지(강철 같은 허벅지)' '금벅지(금메달을 딴 허벅지)' 라며 친근감을 표시하고 있다. … (중앙일보 2010년 2월 18일자 4면 여기는 밴쿠버면)

예문 (58)의 제목에 쓰인 '금벅지' 라는 단어는 사전에 없는 말이다. 그러나 어느 정도 기사와 관련된 사전 내용을 알고 보는 사람이라면 처음 보는 단어이기는 하지만 충분히 그 뜻을 유추해 볼 수 있다. 2010 밴쿠버 겨울올림픽을 본 사람이라면, 모태범이나 이상화라는 선수를 알고 있는 사람이라면, 이 기사가 스피드 스케이팅과 관련된 것임을 알 수 있을 것이다. 거기에 이 악물고 키운 22인치 '금벅지' 라고 하면 금방 '금벅지' 가 '허벅지' 이겠구나 하는 추측을 쉽게 할 수 있다. '금벅지' 라는 단어는 2010 밴쿠버 겨울올림픽에서 처음 사용되었다. 그 전에 이미 어느 여가수의 허벅지가 너무 튼튼하면서도 예쁘다고 하여 '꿀벅지' 라는 조어가 유행을 하였고, 거기에서 파생한 단어이므로 그다지 뜻을 헤아리기 어려운 조어는 아니다. '금메달을 딴 허벅지' 라는 뜻으로 쓰인 '금벅지' 와 같은 조어는 재미도 있으면서, 단어 자체에 뜻이 함축되어 있어 잘만 사용하면 짭짤한 묘미를 맛볼 수 있겠다.

다만 조어는 없는 말을 일부러 만들어 누군가에 의하여 한 번 사용된 것이 네티즌 사이에 회자되면서 자리를 잡아가는 말이므로 자칫 다른 뜻으로 받아들여 오해를 살 수도 있으며, 너무 자주 쓰거나 억지로 만들어 쓰게 되면 역효과를 볼 수 있으니 주의하여야 한다.[43]

(59) 월 400만원 받는 5인 가구, 세금 매달 6640원 ↓
올 봉급생활자 간이세액표

… ⓑ 22일 기획재정부가 확정한 간이세액표에 따르면 올해 소득세 과세표준과 세율은 최저 · 최고 구간만 제외하고 1%포인트씩 인하됐으나 구성 가구원의 수나 자녀 수에 따라 혜택의 정도가 달랐다. (… 중략 …) ⓐ 월 급여 400만원 가구의 경우 매월 근로소득세 원천징수액은 1인 가구라면 25만1220원

43 뉴스 제목에 가끔 쓰이는 조어 가운데 '훈남' 이라는 단어가 있다. 네이버 오픈사전에서는 '훈남' 을 '보고 있으면 훈훈해진다' 는 뜻에서 생겨난 말이라는 설명과 '훈훈한 남정네' (남성, 남자)의 준말, 또는 못생겼지만 정이 가는 남자를 일컫는 말 등으로 설명하고 있다. 이렇게 조어는 하나의 뜻으로 정의되지 않고 보는 이에 따라 다양하게 해석될 수 있는 여지를 남겨주는 경우가 많다.

에서 23만6670원으로 5.8% 준다. 5인 다자녀 가구는 12만4440원에서 11만7800원으로 5.3% 주는 데 그쳤다. … (중앙일보 2010년 1월 23일자 12면 경제면)

예문 (59)에서는 단어 대신에 문장 부호를 사용하고 있다. 주로 주식이나 매출액과 같이 숫자를 나타낼 때 쓰이는데, 수치가 올랐으면 ↑, 내려가면 ↓ 부호로 대신하여, 오르고 내렸음을 시각적으로 표현하곤 한다.

(60) 제도 허술 + 욕심 + 빗나간 교육열 = 입시 부정
서울시 자율고 편법합격 문제점

… ⓐ 자율고 '사회적 배려 대상자 전형' 의 편법 합격 사태는 허술한 제도에서 비롯됐다는 지적이 많다. 여기에 학부모의 빗나간 교육열까지 더해져 대규모 입시부정사건으로 비화된 것이다. … (중앙일보 2010년 2월 26일자 3면 잇따른 교육 비리면)

예문 (60)은 서울시 자율고 편법 합격 사태의 원인을 분석한 기사이다. 일반적으로 문제점을 짚는 기사의 제목은 의문형을 써서 '편법 합격 사태 왜 나왔나' 식으로 하든가, 문패형 제목을 사용하게 된다. 그러나 위 예문에서는 독특하게도 마치 수학 문제를 푸는 듯한 형식을 취하고 있다. 허술한 제도와 학교의 욕심, 거기에 학부모들의 빗나간 교육열이 더해져 편법 합격이라는 문제점이 발생하였다는 것을 덧셈하듯 풀어 나간 것이다. 기존에 많이 보아 오던 제목과 차별화가 이루어지면서 신선한 맛을 준다.

3. 주제은폐형 제목

주제은폐형 제목이란 크게 보면 관심유도형 제목으로 분류할 수도 있다. 그러나 주제은폐형 제목과 관심유도형 제목을 대분류에서 아예 달리 잡은 것은 본문의 내용을 밝히고 있느냐, 아니면 기사를 읽게 하기 위하여 아예 내용 자체를 숨기고 있느냐 하는 근본적인 차이가 있으며, 그러한 두 개의 유형을 하나의 분류 속에 두고 세분화하기에는 성격이 너무 판이하기 때문이다.

주제은폐형 제목은 그 형식과 내용에 따라 다시 다음의 네 가지 유형으로 나눌 수 있다. 하고자 하는 말을 말줄임표 속에 감춰 둠으로써 독자들로 하여금 궁금증을 갖게 하는 말줄임형 제목과, 주제어 또는 독자들이 가장 궁금해 할 만한 핵심어를 ㅁㅁ, ○○ 등의 기호로 대신하여 그 기호 속에 들어갈 말을 생각하여 보게 하거나 이것, 그것 등 대명사를 써서 중요한 키워드를 숨기는 퀴즈형 제목, 구체적인 내용은 숨긴 채 문패만 달아 놓거나, 무슨 말인지 모를 생뚱맞은 이야기만 덜렁 내놓아 독자들이 전혀 감을 잡을 수 없도록 만드는 호기심 유발형 제목, 그리고 아예 대 놓고 독자들에게 정답을 맞혀 보라며 질문을 던지는 방식의 의문형 제목이 그것이다.

1) 호기심 유발형 제목

호기심 유발형 제목은 제목만 보아서는 도대체 무슨 소리를 하는 건지 알 수 없는 유형을 말한다. 무슨 내용인지 알 수는 없지만 왠지 호기심이 생겨서 기사 본문을 읽지 않고는 견딜 수 없게 만드는 방식의 제목 유형으로서, 여하히 교묘하게 주제를 피하면서도 궁금증을 유발시킬 것인가 하는 것이 이런 유형의 제목을 다는 포인트가 된다. 이에는 영문 문장으로 이루어진 제목도 포함된다.

(61) 베네수엘라 대표팀 옷 입고 뛴 북한 축구 …
비행기 갈아타다 잃어버려

… '여기도 베네수엘라, 저기도 베네수엘라'. 북한 축구대표팀이 '황당 평가전'을 치렀다. 북한은 5일(한국시간) 베네수엘라 산펠리페에서 베네수엘라 대표팀과 친선 경기를 치렀다. 이날 경기는 여러모로 이상했다. (… 중략 …) 상대팀에서 유니폼도 빌렸다. ⓑ 북한 측은 비행기를 갈아타는 과정에서 유니폼을 잃어버렸다며 ⓐ 베네수엘라 대표팀 유니폼을 빌려 입고 경기에 나섰다. … (중앙일보 2010년 3월 6일자 30면 스포츠면)

우선 예문 (61)을 보자. '베네수엘라 대표팀 옷 입고 뛴 북한 축구…' 라니? 무슨 뚱딴지 같은 말인가? 호기심 유발형 제목은 이렇게 뜬금없이 튀어나온다. 일단 무슨 말인지는 알 수 있겠다. 그러나 '북한이 축구를 했는데 자기네 유니폼이 아니라 베네수엘라 대표팀 옷을 입고 뛰었구나' 하는 정도에서 그친다. 단지 그 내용이 전부이다. 그러면 그 이유는 무엇일까? 도대체 어떤 사연이 있었기에 남의 나라 대표팀 옷을 입고 뛰었을까? 깜박 잊고 대표팀 옷을 가져오지 않았나? 가져왔다가 잃어버렸나? 왜 하필 베네수엘라 대표팀 옷일까? 의문스럽고 궁금하기만 하다. 이렇게 되면 이 제목은 성공한 제목이다. 호기심 유발형 제목이란 바로 이렇게 의문이 꼬리에 꼬리를 물게 하기 위한 유형이기 때문이다. 자세한 내용은 기사 본문을 찬찬히 읽어 보아야 비로소 알 수 있게 된다. 물론 여기서는 부제목에서 바로 친절하게 알려 주고 있기는 하지만….

(62) 22명이 자리 매일 바꿔 앉는데 수십억년 걸린다?

… 이탈리아의 현직 수학교사가 쓴 이 책은 수학의 그 묘미를 마치 옛날 이야기 들려주듯 친근한 말투로 전하는 책이다. (… 중략 …) 고교 수학과정에 나오는 '팩토리얼(!, 1부터 어떤 수까지의 정수를 모두 곱한 것)' 도 어린이 눈높이에서 설명했다. ⓐ 학교에서 아이들이 자리를 바꾸고 싶어했다. 22명의 아이들에게 자리를 정해주는 방법은 몇 가지나 있을까. 선생님은 "모든 가능한 방법으로 자리를 바꾸려면 수십억년이 걸린다" 고 하신다. 설마! 믿을 수 없는 아이들은 몇 년이 걸리는지 직접 계산해보기로 했다. (… 중략 …) 실제 이 숫자들을 다 곱한 뒤 365로 나누니, '300경' 에 이르는 어마어마한 숫자가 나왔다. … (중앙일보 2010년 1월 30일자 20면 BOOK면)

예문 (62)는 그러나 앞의 예문 (61)과 달리 부제목의 보충 설명도 없다. 느닷없이 '22명이 자리 매일 바꿔 앉는데 수십억년 걸린다?' 는 의문형 제목만이 던져졌을 뿐이다. 다만 지면이 'BOOK' 면이고 제목 아래에 책 표지와 '숫자1' 이라는 책 제목이 있어 뭔가 숫자에 관한 이야기이겠구나 추측할 수 있을 정도이다. 그래도 생뚱맞기는 마찬가지이다. 22 명이 자리를 매일 바꿔 앉는데 수 십억 년이나 걸린다니… 내용을 자세히 읽어 보기 전에는 궁금증을 해결할 길이 없을 듯싶다.

(63) 신세계, 호암 추모 '고객제일' 광고 실은 사연은
창립 25주년 때 쓴 친필 휘호
"널리 알리고 새겨야 할 철학"
외손자 정용진 부회장 제안

… ⓐ 신세계그룹이 창업주인 고(故) 호암 이병철 회장 탄생 100주년을 맞아 호암을 추모하는 광고(사진)를 내 눈길을 끌고 있다. 8일 주요 일간지의 양면에 걸쳐 게재된 광고는 왼쪽 면에는 호암이 1984년 신세계백화점 영등포점 개점식 때 딸 이명희(당시 신세계백화점 상무) 회장과 함께 매장을 둘러보던 모습이, 오른쪽 면에는 ⓑ 87년 신세계 창립 25주년을 맞아 쓴 친필 휘호 '顧客第一' (고객제일)이 담겨 있다. ⓓ 이번 광고는 호암의 외손자인 정용진 부회장의 제안으로 이뤄졌다. (… 중략 …) ⓒ 신세계는 호암의 생각을 임원들에게도 널리 알리기 위해 '顧客第一' 필사본을 10여 점 만들어 각 계열사 대표 등 주요 임원의 사무실에도 걸어 놓았다. … (중앙일보 2010년 2월 9일자 E9면 산업면)

예문 (63) 역시 앞의 예문들과 크게 다르지 않다. 신세계가 호암을 추모하는 '고객제일' 광고를 왜 실었나 하는 이유를 묻고 있다. 이와 같은 문패형 제목은 자칫 너무 무미건조하고 호기심을 끌 만한 요소가 떨어져 오히려 외면당할 수 있으므로 조심하여야 한다.

(64) 중국 '8의 배신' 괴담

① 복 몰고 온다는 숫자, 올해는 큰일 만들어

② 폭설 1월 25일, 티베트 사태 3월14일

③ 대지진 5월 12일 … 수 각각 합하면 '8'

중국인에게는 숫자와 사람의 길흉화복(吉凶禍福)을 직접 연결해 생각하는 습성이 있다. 그래서 ⓑ 숫자 8(八)은 '돈을 벌다' 는 중국어 '파차이(發財)' 의 '파' 라는 발음과 비슷해 최고의 인기를 누린다. (… 중략 …) ⓐ 그러나 요즘 중국인들은 숫자 8에 왠지 모를 불안감을 느끼기 시작했다. 올해는 '8' 이란 숫자에 문제가 있는 것이 아니냐는 것이다. ⓑⓓ 올해 벌어진 큰 재난과 사건의 발생일 숫자를 합치면 공교롭게도 모두 8이기 때문이다. ⓐ 그래서 '8의 배신' 이란 말까지 나온다. ⓒ 우선 올해 초 중국 남부 지역에 교통 대란과 천문학적인 경제적 손실을 가져 왔던 폭설 사태가 1월 25일 발생했다. 이 숫자를 개별적으로 모두 더하면 8이다. (… 중략 …) 그런데 티베트 사태가 발생한 날이 3월 14일이었다. 역시 숫자를 더하면 8이다. ⓓ 이번 대지진이 발생한 날은 5월 12일. 숫자를 합치면 8이다. 특히 이번 지진이 몰고 온 상처가 너무 깊고 커 8이란 숫자에 대한 중국인들의 불안감이 증폭되는 것 같다.… (중앙일보 2008년 5월 17일자 14면 중국 지진 대재앙 특집면)

예문 (64)의 유형은 비슷한 듯하면서도 조금 다르다. 앞의 예문들이 전체적인 흐름 정도는 이해할 수 있게 던져 주고 구체적으로 꼭 필요한 부분만 숨김으로써 호기심을 유발시키는 방식이라면, 예문 (64)는 최소한의 실마리만을 던져 줄 뿐이다. 앞서 설명한 예문 (63)이 문패형이라고 하였지만 예문 (64)에 비하면 아무것도 아니다. 예문 (64)는 아무런 설명 없이 달랑 문패만 달아 놓는 방식으로서, 나머지는 알아서 추측을 하든 말든 상관이 없다. 왜냐하면 이 제목을 보고 궁금증을 일으키는 독자라면 어차피 기사를 꼼꼼히 읽어 볼 테니까.[44] 그것이

44 다만 위 예문 (64)의 경우 독자들이 기사 본문을 꼼꼼히 읽어 볼지는 미지수다. 왜냐하면 본문에서 장황하게 설명하고 있는 내용을 부제목 ①, ②, ③에서 너무나도 잘 정돈해서 보여 주고 있으므로 독자들은 어쩌면 본문까지 읽기 전에 부제목에서 이미 만족하고 말 수도 있기 때문이다. 이는 신문의 특성상 부제목이나 중간제목으로 설명이 가능하기 때문에 생기는 현상이다. 인터넷 언론에서는 대부분 부제목이나 어깨제목을 달지 않으므로 주제목에 의한 호기심 유발형 제목만으로 그쳤을 확률이 높다. 하지만 같은 날 조인스닷컴에서는 같은 기사를 홈에 올리면서 '월+날짜=8 되던 날 큰일, 中 '8의 배신' 괴담' 이라고 하여 앞에 '8의 배신' 에 대한 설명을 해 주고 있다. 이는 아무것도 없이 바로 '中 '8의 배신' 괴담' 이라고 하였을 경우, 무엇에 관한 내용인지 전혀 실마리가 없이 너무 생뚱맞은 문패형 제목에 질려 네티즌이 오히려 클릭을 포기할 것을 우려한 때문이다. '8' 이라는 숫자에 대한 기본적인 설명을 해 준 뒤 예문 (64)의 부제목 ②, ③에서 밝힌 구체적인 내용은 숨겨 둠으로써 클릭을 유도하겠다는 의도가 깔려 있다.

바로 이 제목을 뽑은 이유일 테니까. 이 역시 재미없는 문패 걸기 식으로 갔다가는 거꾸로 아무도 읽지 않을 수 있으므로 당연히 주의하여야 하겠지만, 아무튼 호기심 유발형 제목이란 바로 이런 것들을 일컫는다.

2) 의문형 제목

의문형 제목이란 주제은폐형 제목 가운데 호기심 유발형과 더불어 가장 많이 사용되고 있는 유형이다. 드러내 놓고 질문을 하는 방식이며, 제목의 중요한 특성 중 하나인 본문 요약 기능은 나 몰라라 감춘 뒤 거꾸로 독자나 네티즌에게 답을 물음으로써 기사 본문 접촉을 강요한다.

(65) 3선 유력 김태호 경남지사 불출마 선언 왜?
입각 거론 속 "대선 준비" 관측도

ⓐ 김태호(사진) 경남도지사가 6월 2일 지방선거에 출마하지 않겠다고 선언했다. 재선의 김 지사는 각종 여론조사에서 차기 경남도지사 당선 가능성이 가장 높아 3선이 무난할 것으로 예상됐다. (… 중략 …) ⓑ 김 지사가 공무원노조 문제에 원칙적 대응을 하면서 주목을 받았던 점 때문에 행정안전부 장관 입각 가능성도 거론됐다. (… 중략 …) 한나라당의 한 경남 의원은 "김 지사가 3선보다는 대권을 향해 뛰어야 할 때라고 판단한 것으로 안다" 고 전했다. … (중앙일보 2010년 2월 9일자 E9면 산업면)

(66) 조계종, 봉은사 직영 추진 돈 문제 때문?

… ⓐ 서울 강남의 봉은사를 조계종 총무원 직영사찰로 지정하는 문제를 둘러싸고 논란이 커지고 있다. 9일 조계종 총무원 기획실장 원담 스님은 "오늘 아침, 총무원장께서 주재한 종무회의에서 강남 봉은사를 '특별분담사찰' 에서 '직영사찰' 로 전환하는 안건을 결의했다. 10일 중앙종회(8~12일)에 상정키로 했다" 고 밝혔다. (… 중략 …) 봉은사가 '특별분담사찰' 에서 직영사찰로 바뀌면 조계종 총무원장이 당연직 주지가 된다. 따로 명목상 주지가 임명되긴 하지만 사실상 '재산 관리인' 역을 맡게 된다. (… 중략 …) 총무원 기획실장 원담 스님은 "직영사찰인 강북의 조계사처럼, 강남의 봉은사도 종단 참여도와 기여도를 높여 종단 전체의 운영에 이바지해야 한다는 의견이 제기됐다. … (중앙일보 2010년 3월 10일자 27면 문화면)

(67) 한국인 즐겨찾는 해외도시 1위는 어디?

ⓐ 한국인이 가장 즐겨 찾는 해외도시는 일본 도쿄일 것으로 추정된다. 16일 국내 대표적인 온라인해외호텔 예약서비스 '호텔자바(www.hoteljava.co.kr)' 가 올해 1분기 한국인들의 전세계 호텔예약 현황을 집계한 결과 전체 708건의 예약 가운데 도쿄가 60건을 차지해 8.48%의 점유율로 1위를 차지했다. 도쿄는 한국인의 관광 뿐 아니라 비즈니스 방문 수요도 전통적으로 많은데다 최근 홍콩에 버금가는 쇼핑 천국으로 주가를 올려 최다 방문 해외도시로 꼽혔다.… (동아닷컴 2008년5월 17일자)

예문 (65)부터 (67)까지 모두 의문형 제목답게 독자들에게 질문을 던지고 있다. 예문 (67)은 퀴즈형 제목과 유사하게 한국인이 가장 즐겨 찾는 해외도시를 단답형 방식으로 물어보고 있는데 반해, 예문 (65)와 (66)은 내용을 묻고 있다.

예문 (67)은 간단히 '도쿄' 라는 답만 알면 그만일 터이지만, 예문 (65), (66)은 그리 간단치가 않다. 본문을 전부 이해하기 전에는 정확한 내용을 알 수가 없다. 예문 (67)이 '어디?' 냐고 직접적으로 특정한 장소를 대놓고 물어보고 있는 반면, 예문 (65)는 '왜' 냐며 이유에 대한 설명을 강요하고 있다. 더욱이 예문 (66)은 '조계종의 봉은사 직영 추진이 돈 문제 때문일까' 하는 의문을 던져 놓고 독자들로 하여금 함께 생각하여 볼 것을 요구하고 있는 듯한 모양새이다. 이렇듯 의문형 제목은 편집기자가 답을 일부러 숨겨 놓고 찾아보기를 권하며 달 수도 있겠지만, 정확한 답이 정말 없어서, 또는 '정답을 나도 모르겠으니 함께 풀어보자' 며 요청하는 경우에 나올 수도 있음을 알 수 있을 것이다.

3) 말줄임형 제목

말줄임형 제목은 적당히 설명을 해 준 다음 정작 그에 대한 이유나 해답이 나올 즈음하여 슬그머니 주제를 감추면서 말줄임표로 대체하는 유형을 말한다. 말줄임표는 가끔 앞의 말과 뒤의 말을 연결시키고자 할 때 사용되기도 하며, 앞서 설명한 바와 같이 형식상 말줄임형 제목인 듯 보이지만 내용상으로는 감탄형으로 분류되는 제목들이 있으므로 주의하여야 한다. 이를 구분하는 기준점은 기사의 주제를 감춘 것이냐 아니냐에 있다.

(68) 기생 명월이 몸 일부가 왜 국과수에 …

… 18일 서울중앙지법엔 국과수에 보관 중인 신체 일부를 폐기해 달라는 소장이 접수됐다. ⓐ 소송을 제기한 경기도 남양주시 봉선사 혜원 스님은 "국과수에 보관된 신체 일부는 백백교 교주의 머리와 명월이란 기생의 생식기로 알

려져 있다"고 말했다. (… 중략 …) 일본 경찰은 전용해의 시신을 수습하고 '살인자의 뇌'를 연구용으로 보관했다. 당시 일본 경찰은 전용해의 뇌 구조와 그의 살인 행각에 어떤 관계가 있는지를 연구하려 했던 의도로 보인다. ⓐ '명월이'로 알려진 30대 여성의 신체 일부도 일본 경찰이 부검했다. 명월관은 일제 강점기에 서울 종로에서 유명했던 기생집이다. ⓐ 여기서 일하던 '명월이'와 동침한 남자들이 줄줄이 숨졌다고 한다. 이들 부검체에 대한 관련 자료는 현재 남아 있지 않다. … (중앙일보 2010년 1월 25일자 16면 사회면)

예문 (68)에서는 일제 강점기에 유명했던 기생 '명월이'의 신체 일부가 아직도 국과수에 보관되어 있는 이유를 묻고 있다. 국과수에 보관되어 있는 기생 '명월이'의 신체 일부는 생식기로, '명월이'와 동침한 남자들이 줄줄이 숨졌다고 하자 일본 경찰이 부검을 통해 연구하기 위하여 보관한 것으로 보인다. 경기도 남양주시 봉선사 혜원 스님은 이에 대하여 "인체 표본을 만들어 보관하는 것은 공익이나 의학적 관점에서 타당한 이유가 있을 때만 제한적으로 이뤄져야 하는데 이들 표본은 남성적 시각이나 성적 호기심에 근거해 만들어졌다"며 이를 폐기해 달라고 소송을 제기함으로써 이슈로 등장한 사안이다. 이 기사의 제목 '기생 명월이 몸 일부가 왜 국과수에…'는 기생 '명월이'의 신체 일부가 국과수에 보관되어 있는 자세한 이유를 제목에서 밝히지 않고 말줄임표 속에 숨겨 두어 본문을 읽게 만들고 있다.

(69) 女테니스 '황사 바람'은 잠시 걷혔을 뿐…
호주오픈 결승 못 갔지만
中 국가적 육성 무르익어
한국은 대 끊기다시피…

… ⓐ 여자 골프에 '세리 키드'가 있다면 여자 테니스에는 '베이징 키드'가 있다. 중국이 2008년 베이징올림픽을 목표로 육성한 여자선수들이 세계 테니스계의 지각 변동을 일으키는 현상을 뜻하는 말이다. ⓒ 올해 호주오픈에서 중국 여자선수가 2명이나 4강에 진출하면서 '베이징 키드'에 관심이 집중되고 있다. (… 중략 …) 이번에 호주오픈 4강에 오른 리나(28 · 세계 17위), 정제(27 · 35위)가 바로 이런 분위기에서 성장한 베이징 키드의 선두주자이다. (… 중략 …) ⓓ 그러나 한국은 2000년대 들어 오히려 테니스가 퇴보하고 있다. 여자의 경우 이미 은퇴한 박성희 · 조윤정 이후 저변이 완전히 붕괴됐다는 말이 나올 정도다. (… 중략 …) ⓐⓑ 28일 열린 호주오픈 여자 준결승에서 중국의 리나는 세레나 윌리엄스(세계1위 · 미국)에 0대2로, 정제는 쥐스틴 에넹(벨기에)에 0대2로 각각 져 결승 진출에 실패했다. 그러나 이들이 세계 정상선수들과 대등한 경기를 하는 TV중계를 한국팬들은 부럽게 시청해야 했다. … (조선일보 2010년 1월 29일자 A25면 스포츠면)

예문 (69)의 제목 '女테니스 '황사 바람' 은 잠시 걷혔을 뿐…' 역시 마지막에 말줄임표를 넣어 자세한 내용을 감춘 말줄임형이다. 여자 테니스에서 '황사 바람' 이 사라진 것이 아니라 잠시 걷혔을 뿐이라는 것을 강조하면서 말끝을 흐림으로써 뒤에 다시 나타날 '황사 바람' 에 대하여 기대하게 하고 있다. 이 제목은 '황사 바람' 이라고 하여 백인과 흑인이 휩쓰는 테니스 경기에 황색인[45]이 돌풍을 일으키고 있다는 뜻을 비침으로써 은유형 제목의 형태도 함께 갖추고 있다. '황사 바람' 이 걷히기는 하였지만, 아주 걷힌 것이 아니라 '잠시 걷혔을 뿐…'

45 백인, 흑인, 황인과 같은 분류는 그런 단어를 쓰는 것만으로도 인종 차별적이라는 지적이 있으나, 현실적으로 위 예문에 쓰인 '황색 바람' 같은 제목은 황인종을 염두에 둔 것이다. 인종 차별이라기보다는 인종을 구분하기 위하여 사용한 것이므로 굳이 차별이니 하여 시비를 거는 일이 없었으면 좋겠다.

이라는 표현에서 독자들은 비록 중국의 여자 테니스 선수들이 결승에는 진출하지 못하였지만 중국이 국가적으로 육성하고 있으므로 곧 세계 정상에 오를 수 있을 것이라는 뜻을 긍정적으로 받아들일 수 있게 되는 것이다.

(70) 터키 차 매장에 양탄자 필요한 이유는 …
글로벌 인턴 후 현대차 입사
3인의 현지밀착형 아이디어

… ⓐ "터키 사람들은 대중매체 광고를 보고 구매하기보다는 쇼룸에서 직접 차를 만져보고 사는 경향이 있더군요. 현대차 쇼룸 혁신을 위해 터키 딜러들을 대상으로 쇼룸 경연대회를 열어 보는 건 어떨까요. 전시된 자동차 밑에 이슬람 양탄자를 깔면 터키인들에게 훨씬 친숙해질 것 같습니다." (… 중략 …) ⓒ 신입사원 소은찬(27)씨는 자신의 아이디어를 회사에 제안했다. (… 중략 …) ⓑ 입사 전 현대차 터키 이스탄불 법인에서 인턴으로 근무했던 경험에서 우러나온 것들이다. 현대 · 기아차가 지난해 첫 도입한 글로벌 인턴십은 중국 · 인도 · 터키 · 러시아 · 체코 등 전략적 해외법인에 7주간 인턴을 파견하는 프로그램이다. (… 중략 …) ⓒ 이날 천안 연수원에서는 소씨처럼 글로벌 인턴십을 거쳐 신입사원이 된 이상현(27) · 이현아(24)씨도 함께 만났다. 그들의 세포 속엔 예전 세대에서 찾아볼 수 없던 '글로벌 DNA'가 흐르는 듯했다. (… 중략 …) ⓒ 그들은 해외 진출에 필요한 갖가지 현지화 아이디어도 제시했다. … (중앙일보 2010년 2월 1일자 E9면 산업면)

예문 (70)을 보면 예문 (68)과 마찬가지로 노골적으로 이유를 숨기고 있음을 알 수 있다. '터키 차 매장에 양탄자 필요한 이유는…' 본문을 읽어 보기 전에는 알 수가 없다. 가장 중요한 핵심을 일부러 제목에서 감추고 보여 주지 않음으로써 독자들로 하여금 기사를 읽을 수밖에 없도록 만들고 있는 것이다. 말줄임형 제목은 이와 같이 핵심어를 말줄임표 속에 꼭꼭 숨겨 두는 유형을 일컫는다.

4) 퀴즈형 제목

퀴즈형 제목이란 말 그대로 제목을 퀴즈식으로 만든 유형을 말한다. 가장 기본적인 유형은 핵심어를 ㅁㅁ, ㅇㅇ 등의 기호를 사용하여 그 기호 속에 들어갈 말을 맞히게 하는 방식이 있겠으며, 그 외에도 구체적인 대상을 밝히지 않고 대신 '그것', '이것', '그', '그녀' 와 같이 지시대명사를 사용하는 방식도 있다.

(71)

〈그림2〉

ⓐ 우리나라 의회의 권력은 본회의장 뒷줄에 뭉쳐 있다. (··· 중략 ···) ⓑ 당에선 대체로 당직과 선수(選數)를 감안해 배치한다. 현재 3선 이상 의원만 74명

인 데다 재선급 최고위원에게도 맨 뒷줄이 배정돼 뒷줄을 둘러싼 경쟁은 치열하다. … (중앙일보 2010년 2월 3일자 8면 종합면)

예문 (71)의 제목은 전형적인 퀴즈형이다. 핵심어만 네모로 가려 놓고 독자들로 하여금 정답을 맞혀 보라고 권유한다. 모르면 당연히 기사 본문을 읽어 보라는 식이다. 이런 유형의 제목은 과거 신문에서는 생각도 못할 일이었다. 그러나 지금은 〈그림2〉와 같이 신문에서도 이런 식의 제목이 쓰이고 있다. 〈그림2〉의 긴 네모 ① 안에 들어갈 정답은 부제목 ②에서 밝혀 주고 있다. 부제목 ②의 구체적인 내용은 다시 그림에서 자세히 설명하여 준다. 즉, 국회 본회의장 로열석은 '맨 뒷줄 46석' 이며 그 로열석에 해당하는 의원과 그들의 실제 자리가 어디인지는 〈그림2〉에서 친절히 보여 주고 있다. 그것도 색깔까지 곁들여 매우 섬세하게 신경 써서 안내하고 있음을 볼 수 있다. 주제목의 퀴즈용 네모 ①과 부제목 해답 ②, 그리고 구체적 설명을 담고 있는 〈그림2〉의 ③과 ④ 모두 같은 파란 색을 씀으로써 그들이 모두 한가지임을 드러내고 있는 것이다.

(72)

〈그림3〉

여성들, 바지정장 입고 그를 보냈다
이브 생로랑 장례식
사르코지 부부도 참석

ⓑ 1일 세상을 떠난 세계적 디자이너 이브 생로랑의 장례식이 5일 파리 엘리제 생로슈 교회에서 열렸다. ⓒ 장례식에는 니콜라 사르코지 프랑스 대통령과 부인 카를라 브루니 여사를 비롯해 (… 중략 …) ⓐ 이브 생로랑의 모델 출신이었던 브루니 여사는 여성 모델들에게 바지 정장을 입게 했던 고인을 기려 바지 정장 차림으로 장례식에 참석했다. 다른 여성 참석자들도 대부분 바지 정장을 입었다.… (동아일보 2008년 6월 7일자 25면 투데이면)

예문 (71)과 같이 네모가 들어가 있는 제목이 있는가 하면, 예문 (72)에서 보여지는 '여성들, 바지정장 입고 그를 보냈다' 처럼 실명을 밝히지 않고 대명사 '그' 로 쓰는 제목도 있다. 사실 이 제목만 보아서는 무슨 내용인지 도대체 알 수가 없다. 따라서 이 제목은 호기심 유발형으로 볼 수도 있다. 다만 신문에서는 〈그림3〉과 같이 제목 위에 사진을 쓰고 있어 직관적으로 이 기사가 누군가의 죽음에 대하여 추모하고 있음을 짐작할 수는 있을 것으로 보인다. 정확한 내용은 주제목 아래에 붙은 부제목에 가서야 그것이 디자이너 이브 생로랑의 장례식장 모습인 걸 알 수 있다. 그러나 아직도 기사 앞 부분의 밑줄 친 ⓑ와 ⓒ 내용으로만 보아서는 주제목이 무슨 뜻인지, 왜 여성들이 바지 정장 차림으로 이브 생로랑을 떠나보냈는지까지는 알 수가 없다. 기사 중간쯤에 설명되고 있는 ⓐ 부분까지는 가 보아야 겨우 고인의 생전 취향에 따랐음을 알 수 있게 된다. 신문 제목으로서 이런 유형 역시 매우 이례적이다.

(73) 담배 다음으로 폐암에 치명적인 이것은

… 세계보건기구(WHO)는 22일 자연 발생하는 방사능 물질인 라돈 가스가 전체 폐암 발병 원인의 최대 14%에 달하는 것으로 조사됨에 따라 안전 기준치를 현행보다 10배 강화한다고 밝혔다. (… 중략 …) ⓐ WHO는 이날 보고서를 통해 라돈은 담배에 이어 두 번째로 폐암 발병에 영향을 미치는 것으로 조사됐다며 "나라마다 측정 방법 등에 다소 차이가 있지만, 라돈이 폐암 발병의 원인이 되는 범위는 3~14%에 달한다"고 밝혔다. … (조인스닷컴 2009년 9월 23일자)

예문 (73)과 같은 제목은 신문에서는 거의 보이지 않는다. 주로 인터넷 신문에서 사용하는 방식이다. 위 예문 (71)이나 (72)에서 '로열석은 ㅁ이다' 나 '그를 보냈다' 는 제목은 우선 사진이 제목을 받쳐 주고 있으며, 바로 밑의 부제목에서 답을 보여줌으로써 가능한 신문 제목이다. 밑도 끝도 없이 질문을 던져 놓고 답을 맞히라는 식의 제목은 아직 오프라인 신문에서는 받아들이지 못하고 있다.

Ⅲ. 알맹이가 사라지다

1. 뉴스 제목, 유형별로 분석해 보니

1) 분석 대상

이번 분석을 위하여 오프라인 신문에서는 중앙일보, 조선일보, 동아일보, 인터넷 신문에서는 역시 각각의 인터넷 사이트인 조인스닷컴, 조선닷컴, 동아닷컴에 실리는 뉴스의 제목을 그 대상으로 하였다. 위 3 사를 조사 대상으로 삼은 것은 한국언론재단의 '2008 언론수용자 의식조사'에서 나타난 바와 같이 오프라인 신문 가운데 위 3 사가 전체 구독 신문 시장에서 차지하는 점유율이 절반을 훨씬 넘는 59.7%에 이르고 있어 위 3 사를 한국의 대표적 신문이라고 보아도 좋을 것으로 판단하였기 때문이다.

분석 대상으로 하는 뉴스의 범위는, 오프라인 신문은 본지와 경제섹션까지, 온라인 신문은 각 홈페이지에서 주요 기사가 편집되어 있는 가운데 부분과 스포츠, 연예 박스까지로 하였다. 또 오프라인과 온라인 신문 모두 기사로 볼 수 없는 인사나 부음 등은 제외하였으며, 기사 요건을 갖춘 사고, 알림 등은 포함하였다. 오프라인 신문의 오피니언면의 경우, 문패형으로 이루어진 제목이 많아 제외하였으며, 온라인 신문에서도 마찬가지로 오피니언면에 해당하는 사설, 칼럼 박스 제목은 분석 대상에 넣지 않았다. 다만 기사단으로 뽑아내어 주요 기사로 처리한 경우에는 분석 대상으로 잡았다.

오프라인 신문의 단신 기사는 비록 오프라인에서는 비중이 낮게 쓰였다 할지라도, 그 기사가 온라인에서는 주요 기사로 쓰일 수도 있으므로 가치 판단 차이가 있을 수 있는 기사는 모두 분석 대상에 집어넣었다. 사진 자체가 메인이 되는 독립 사진은 분석 대상에서 제외시키는 것을 원칙으로 하였으나, 사진 제목용 폰트가 아닌 별도 텍스트 기사 제목용 폰트로 뽑아 쓴 경우에는 독립 사진이

라기보다는 일반 기사로서 처리하였다고 보고 대상에 포함시켰다.

시리즈 기사 또는 기획 기사로서, 2 회 이상 고정으로 들어가는 문패형 제목의 경우에는 처음 한 번만 분석 대상에 넣었다.

제목 유형 분석의 대상은 기본적으로는 주제목에 한정하며, 부제목이나 소제목, 중간제목 등은 포함시키지 않는다. 다만 제목 성격상 주제목을 보기 전에 시각적으로 먼저 읽게 하기 위하여 달아 놓은 어깨제목의 내용이 주제목의 내용에 영향을 미치는 경우에는 어깨제목의 내용도 주제목 유형 분석의 참고 대상에 넣는 것으로 하였다.

2) 자료 수집 및 분석 방법

분석 대상 요일은, 기사가 풍부한 평일판을 보기 위하여 매주 화요일자를 넣었으며 주말 기사가 나오는 금요일과 기사가 비교적 많이 나오지 않는 토요일자로 하였다. 기사가 없는 요일로 보면 일요일을 택하는 것이 더 좋겠으나 오프라인 신문이 일요일자가 없어 차선책으로 토요일을 택하게 되었다.

각각의 해당 온라인 사이트 역시 같은 날 홈페이지를 대상으로 하였다. 다만 온라인의 경우 하루 한 차례의 시점으로는 기사 수가 현저하게 적은 점을 고려하여 하루 두 차례 시점을 정하여 그 시점의 제목을 대상으로 삼았다. 하루 두 차례 시점이란, 해당 날짜 당일 오전 8시 현재와 오후 8시 현재를 말한다. 오전 8시 현재 시점은 당일 신문에 나온 제목이 온라인에 반영된 형태를 살펴보기에 가장 적당하며, 오후 8시 현재는 오전에 나온 신문 기사는 거의 빠지고 당일 새로 나온 뉴스 기사가 홈페이지를 장식하고 있을 시점이기 때문이다.

분석 대상 기간은 2008년 5월의 마지막 3 주이다. 5월의 마지막 3 주라고 하면 5월 13일, 16일, 17일, 20일, 23일, 24일, 27일, 30일, 31일이 해당된다. 다만 24일(토)은 오전 8시 현재 온라인 신문의 홈페이지 캡처가 이루어지지 않아 오후 2시 현재 홈페이지를 캡처하였으나, 시간대별로 보고자 했던 당초 취지에 어긋난다고 판단하여 부득이 일주일을 늦춘 6월 7일자로 대체하였다. 한편 조선닷컴 5월 30일자 오후 8시 홈페이지는, 캡처를 받는 순간 홈페이지 일부를 가리는 TI(transparant interactive) 광고가 떠 있었으나 이를 미처 발견하지 못하여 부득이 제목을 판독할 수 없는 주요 기사 몇 개를 대상에서 제외하였다.

제목의 유형을 판단함에 있어서는 하나의 제목에 대하여 관심을 끌기 위한 여러 가지 수사나 기법이 사용된 경우 이를 모두 인정하여 복수의 유형으로 분석하였다. 다만 정보전달형의 경우, 어떤 제목이 어떤 기법을 쓰든 기본적으로는 정보 전달을 바탕에 깔고 가는 것이므로 중복 유형을 인정하지 않았다. 따라서 정보전달형 제목이란 관심 유도를 위한 수사가 전혀 사용되지 않은 유형의 제목만을 지칭하는 것으로 보면 된다.

3) 어떤 유형의 제목이 많이 사용되고 있나

① 정보전달형 제목

신문 제목에서는 아직까지 온라인에 비해 정보전달형 제목이 많이 쓰이고 있는 것으로 확인되었다. 전체 제목 2953 건 가운데 1219 건이 정보전달형 제목인 것으로 나타났으며 이는 전체의 약 41%에 해당한다. 신문사별로 보면 중앙일보가 910 건 중 353 건이 정보전달형 제목으로 전체 제목의 38.8%를 차지하여 3 사 가운데 가장 적은 것으로 드러났다. 조선일보는 982 건 가운데 422 건으로 43.0%를 차지하여 가장 많았으며, 동아일보는 전체 제목의 41.9%를 정보전달형으로 사용하고 있어 분석 대상 3 사 평균과 가장 근접한 수치를 보여주고 있다.[46)]

온라인 신문에서는 오프라인 신문에 비하여 예상했던 바대로 역시 정보전달형 제목 사용 빈도가 많이 떨어졌다. 클릭을 최대한 유도하려는 편집기자들의 심리가 단순한 정보전달형 제목만으로는 만족할 수 없음을 여실히 보여 주고 있다. 전체적으로는 3129 건의 기사 가운데 980 건이 정보전달형 제목이었으며 이는 전체 제목의 약 31%에 해당한다. 오프라인 신문과 마찬가지로 조인스닷컴의 제목에서 이 유형이 차지하는 비율이 가장 낮아 전체 1082 건의 제목 중 292 건으로 27% 정도를 쓰고 있었다. 온라인 신문에서는 오프라인과 달리 동아닷컴이 1058건 중 376 건으로 35.5%를 차지하면서 가장 많이 이 유형의 제목을 사용하는 것으로 나타났으며, 989 건의 제목 가운데 312 건의 정보전달형 제목을 구사하여 31.6%를 차지한 조선닷컴은 온라인 신문 평균 31.3%와 거의 비슷한 수준이었다.[47]

분석 결과를 보면 오프라인 신문 역시 최근 들어 독자들의 눈길을 잡기 위한 제목 연구에 공을 들이고 있으나 그래도 아직까지는 본문 내용에 충실한 제목을 많이 사용하고 있는 것으로 드러났다. 그러나 그 비율이 절반에 미치지 못하는 것으로 나타나 관심 유도를 위한 노력을 많이 기울이고 있음을 보여 주었으며, 한편으로는 온라인 신문 제목의 영향을 받고 있는 것으로도 보인다. 온라인 뉴스에 길들여진 젊은 독자들이 늘어나면서 오프라인 신문 제목도 점점 더 온라인 신문과 비슷하게 정보전달형 제목이 줄어들지 않을까 하는 예상을 해 보게 된다.

② 관심유도형 제목

관심유도형 제목은 다양한 패턴을 보여 주면서도 편집기자들의 고뇌와 재치와 양식 등이 가장 잘 묻어나는 유형으로 보인다. 독자들의 호기심을 자극하면서도

46 〈표1-1〉 참조.
47 〈표1-2〉 참조.

경박하거나 유치하지 않아야 하며, 짜증나지 않고 입가에 미소가 번질 만한 유머 감각과 해박한 지식을 토대로 다양한 분야에서 쏟아져 나오는 기사를 요리하기 위하여 필요한 유형의 제목이 관심유도형에 몰려 있기 때문이다. 정보전달형과 주제은폐형의 중간에서 정보 전달의 기능을 충실히 담당함과 동시에 노골적으로 내용을 한꺼번에 다 보여 주지 않고 한 번쯤 생각할 시간을 갖게 해 주는 관심유도형 제목은 그래서 신문 제목 유형 가운데 가장 바람직한 유형으로 꼽을 수 있다.

관심유도형 제목이 분석 대상 오프라인 신문 전체 제목 가운데에서 차지하는 비율은 68% 정도인 것으로 나타났다. 중앙일보가 전체 910 개 제목 가운데 648 개의 제목에서 이 유형을 활용하여 71.2%의 높은 사용률을 보이고 있으며, 다음은 동아일보로 68.6%, 그리고 조선일보가 전체 제목의 62.9%에서 관심유도형을 쓰고 있는 것으로 조사됐다.[48]

이를 다시 세부 분류별로 살펴보면, 관심유도형 제목 가운데에서도 강조형이 가장 많이 사용되고 있는 것을 알 수 있다. 강조형 제목은 전체 2953 건의 제목 가운데 799 건으로 전체의 27.1%를 차지하고 있으며, 관심유도형 제목 안에서만 따져 보면 평균 사용률이 40%를 넘어, 중복 유형을 인정한 점을 감안한다 하더라도 매우 높은 비중을 보여 주고 있다.[49]

그 뒤를 이어서는 은유형이 많이 사용되고 있다. 453 건의 사용 빈도로 전체의 15.3%, 관심유도형 제목 가운데에서는 22.7%라는 높은 비율을 차지하고 있다.[50] 관심유도형 제목 1994 건 가운데 강조형과 은유형이 1252 건으로 두 유형이 차지하는 비율은 무려 62.8%나 된다. 여덟 개의 분류 가운데 나머지 여섯 개 유형의 사용 빈도를 모두 합쳐도 이 두 유형에 미치지 못한다. 은유형의 뒤를 이

48 〈표2-1〉 참조.
49 〈표2-1-2〉 참조.
50 〈표2-1-3〉 참조.

어 세 번째 많이 사용된 것으로 나타난 감탄형이 308 건으로 전체 제목의 10.4%, 관심유도형 제목 내에서는 15.5%를 차지하였다.[51]

분석 대상 신문 3 사의 제목 유형별 사용 빈도는 수치의 차이는 있으나 같은 구성 비율을 보이고 있다. 따라서 신문사 편집기자들이 제목을 뽑기 위하여 활용하는 방식은 크게 다르지 않은 것으로 나타났다. 중앙일보는 감탄형과 조어형의 비율이 어슷비슷한 수준으로 불과 2 건 차밖에 나지 않았다. 다만 조선일보는 감탄형 제목이 100 건인데 반해, 조어형 제목은 48 건에 그쳐 감탄형 제목을 확실히 선호하고 있는 것으로 드러났다.[52]

다음으로는 감정이입형, 상징형, 패러디형, 인용형 제목 순으로 즐겨 사용하는 것으로 나타났다. 감정이입형 제목은 특히 조선일보가 많이 사용하고 있었고(38 건, 6.2%), 동아일보(29 건, 4.0%)가 가장 적게 활용하고 있었다. 조선일보와 동아일보는 상징형(각 18 건)을 패러디형(15 건, 13 건)보다 더 쓰고 있는 반면, 중앙일보는 오히려 패러디형(12 건)을 상징형(9 건)보다 많이 사용하고 있음이 확인되었다. 감정이입형과 상징형 제목은 온라인 신문이 전체 제목 대비 비율로 볼 때 평균 1% 포인트 이상씩 더 사용하고 있는 것으로 나타났다. 인용형 제목은 패러디형과 더불어 오프라인에서든 온라인에서든 많이 쓰이지 않는 유형이며, 실제 분석 대상 3 사 모두에서 역시 가장 적게 쓰이고 있었다. 관심유도형 내 인용형 제목의 평균 사용률이 겨우 1%를 넘었으며, 중앙일보는 1%에도 미치지 못하였다.[53]

이에 반해 온라인 신문에서는 관심유도형 제목의 사용 빈도가 평균 74.1%에 달하고 있어 오프라인 신문에 비하여 6% 포인트 가량 더 사용하고 있는 것으로 나왔다. 오프라인 신문에서는 중앙일보가 71.2%로 제일 높은 비율을 보인 반

51 〈표2-1-1〉 참조.
52 〈표2-1-8〉 참조.
53〈표2-1-4〉, 〈표2-1-5〉, 〈표2-1-6〉, 〈표2-1-7〉 참조.

면, 온라인 신문에서는 거꾸로 조인스닷컴이 관심유도형 제목을 가장 선호하지 않는 것으로 집계되었다. 조선닷컴은 989 건의 제목 가운데 751 건이 관심유도형으로 무려 76%에 이르는 높은 사용률을 보이며 오프라인과는 반대로 가장 많이 활용하고 있었다. 다음이 동아닷컴으로 1058 건 가운데 780 건으로 73.7%를, 마지막으로 조인스닷컴은 전체 1082 건 가운데 788 건에서 이 유형을 활용하여 72.8%의 사용률을 보이고 있는 것으로 조사되었다.[54]

세부 분류별로 들어가 살펴보면, 온라인 신문에서도 관심유도형 제목 가운데 강조형이 가장 많이 사용되고 있는 것을 알 수 있다. 강조형 제목은 전체 3129 건의 제목 가운데 965 건으로 30%가 넘는 비중을 차지하였다. 정보전달형 제목을 제외하면 관심유도형이나 주제은폐형 가운데 단일 유형으로 사용률이 30%를 넘은 것은 강조형이 유일하다. 특히 관심유도형 제목 안에서만 보면 여덟 개의 세부 유형 가운데 강조형이 41.6%나 차지하고 있어 오프라인 신문의 사용률(전체의 27.1%, 관심유도형 내 40.1%)을 웃도는 것으로 파악되었다.[55]

약속이나 한 듯 그 뒤를 이어서는 온라인 신문에서도 오프라인 신문의 제목과 마찬가지로 은유형이 많이 사용되고 있다. 은유형은 400 건의 제목에서 보여지고 있으며 이는 전체의 12.8%, 관심유도형 제목 가운데에서는 17.3%의 비율에 해당된다.[56] 다만 조인스닷컴에서는 은유형 제목보다 감탄형 제목이 근소한 차이이지만 더 많이 쓰이고 있어 눈길을 끈다.

관심유도형 제목 2319 건 가운데 온라인 신문에서도 강조형과 은유형 제목을 모두 합치면 1365 건이나 쓰인 것으로 나타났으며 비율로는 58.9%에 이른다. 이는 오프라인 신문의 62.8%에 비하면 다소 적은 비율이며 그만큼 온라인 신문

54〈표2-2〉 참조.
55 〈표2-2-2〉 참조.
56 〈표2-2-3〉 참조.

에서는 관심유도형 기법을 다양하게 활용하고 있는 것으로 볼 수 있다.

은유형의 뒤를 이어서도 오프라인 신문과 마찬가지로 377 건의 감탄형이 세 번째로 많이 쓰이고 있는 것으로 집계되었다. 감탄형 제목은 전체 제목의 12.1%, 관심유도형 제목 내에서는 16.3%를 차지하였다.[57]

다음으로는 조어형이 279 건이 쓰여 관심유도형 내 12.0%, 전체의 8.9%에 해당하는 것으로 나타났다. 조인스닷컴(관심유도형 내 15.1%, 전체의 11.0%)이나 동아닷컴(관심유도형 내 12.0%, 전체의 9.3%)에 비하면 조선닷컴의 조어형 제목 사용률(관심유도형 내 8.3%, 전체의 6.3%) 은 유난히 적은 편이었다.[58] 그 뒤를 이어서는 감정이입형과 상징형, 패러디형, 인용형의 순으로 활용되고 있는 것으로 나타났다. 감정이입형과 상징형에서는 조인스닷컴이 관심유도형 제목 788 건 가운데 각각 58 건(7.4%)과 39 건(5.0%)을 사용하고 있어, 조선닷컴(각 5.5%, 3.3%)과 동아닷컴(각 4.5%, 2.6%)의 사용률을 앞섰다.[59]

반면 패러디형 제목 사용률에서는 동아닷컴이 관심유도형 내 2.2%를 차지하여 조인스닷컴(1.8%)과 조선닷컴(1.5%)을 제쳤으며, 인용형 사용률은 15 건의 제목에 적용하여 관심유도형 내 2.0%를 차지한 조선닷컴이 각각 1.8%와 1.1% 사용에 그친 동아닷컴과 조인스닷컴에 근소한 차이로 앞섰다. 조선닷컴은 특히 패러디형 제목보다는 인용형 제목을 선호하는 것으로 나타났다.[60]

분석 대상 온라인 신문 3 사의 제목 유형별 사용 빈도는 조금씩 엇갈린 구성 비율을 보이고 있다. 강조형의 경우에는 3 사가 큰 차이 없이 비슷한 구성을 보였으나, 앞서 밝힌 바와 같이 조인스닷컴은 유일하게 은유형 제목보다 감탄형 제목이 많아(관심유도형 내 16.4%, 전체의 11.9%) 눈길을 끌었다. 조선닷컴은

57 〈표2-2-1〉 참조.
58 〈표2-2-8〉 참조.
59 〈표2-2-4〉, 〈표2-2-5〉 참조.
60 〈표2-2-6〉, 〈표2-2-7〉 참조.

비율 순서상으로는 전체적인 흐름과 궤를 같이 하였으나 강조형과 은유형, 감탄형 제목을 유난히 선호하여 네 번째인 조어형 제목부터는 사용률이 현격하게 떨어지는 양상을 보이고 있다. 동아닷컴 역시 조선닷컴과 큰 차이를 보이고 있지 않으며, 조어형까지 10%대를 유지하다가 감정이입형부터는 갑자기 5% 미만으로 뚝 떨어지고 있다. 감정이입형과 상징형 제목 활용도는 조인스닷컴이, 인용형 제목 활용도는 조선닷컴이 각각 온 · 오프라인을 통틀어 가장 높은 것으로 드러났다.

종합하여 보면, 온라인 신문이든 오프라인 신문이든 관심유도형 제목에서는 모두 대표적 유형인 강조형에 이어 은유형과 감탄형, 조어형이 많이 쓰이고 있는 것을 알 수 있었다. 특히 강조형 제목은 오프라인과 온라인 모두 40%가 넘는 압도적 사용률을 보여 주었다. 전체적인 흐름은 오프라인이나 온라인 모두 비슷하게 이어져 제목에서 사용되는 기법에는 크게 차이가 나지 않았다. 오프라인 신문 제목의 경우, 감정이입형부터는 사용률이 5%에도 미치지 못해 제목 유형 활용 기법의 편중 현상이 두드러졌다. 또 온라인에 비하여 은유형 제목이 많이 사용되는 것으로 나타났다. 이는 숙련된 오프라인 신문 편집기자들의 노하우에서 우러나오는 은근하고도 간접적인 비유와, 속뜻을 생각하게 하는 '사고의 깊이' 에서 비롯된 것으로 보인다. 이에 반해 온라인에서는 주제를 돌려 말하기보다는 네티즌에게 직접 강조하거나 호소하는 방법을 즐겨 쓰고 있다. 네티즌의 클릭을 유도하기 위하여 편집기자들이 의도적으로 감정적 용어를 많이 선택할 수밖에 없는 현실적 이유가 그대로 드러난 것으로 이해할 수 있겠다.

③ 주제은폐형 제목

주제은폐형 제목의 기본적인 특성은 주제를 감춘다는 점이다. '정보 전달' 이라는 기본 관념에 비교적 충실하다고 할 수 있는 신문 제목에서 많이 기대할 수 있는 유형의 제목은 분명 아니다. 이런 예감은 실제 분석 결과를 통하여 어느 정도 확인할 수 있었다. 하지만 예상하였던 것보다는 의외로 오프라인 신문에서도 주제은폐형 제목이 많이 채택되고 있으며 곧잘 활용되고 있음을 알 수 있었다.

주제은폐형 제목은 분석 대상 신문 3 사의 전체 제목 가운데 평균 10%를 약간 웃도는 것으로 나타났다. 중앙일보가 전체 910 건 가운데 105 건의 제목에서 이 유형을 사용하여 11.5%의 비율로 가장 높은 활용도를 보여 주었으며, 982 건 가운데 107 건에서 이 유형의 제목을 채택한 조선일보가 10.9%의 비율로 그 뒤를 이었다. 동아일보는 전체 제목의 9.6%에서만 주제은폐형을 사용하고 있는 것으로 조사되었다.[61]

이를 다시 세부 분류별로 살펴보면, 주제은폐형 제목 가운데서는 호기심 유발형이 가장 많이 사용되고 있는 것을 알 수 있다. 호기심 유발형 제목은 전체 2953 건의 제목 가운데 147 건으로 전체의 5.0%를 차지하였으며, 주제은폐형 제목 안에서만 따져 보면 네 개의 세부 유형 가운데 46.8%의 높은 비중을 보여 주고 있다. 중앙일보와 조선일보의 경우에는 전체 주제은폐형 제목의 절반 가량이 바로 이 호기심 유발형 제목이었다. 호기심 유발형 제목이 주제은폐형 내에서 차지하는 비중만을 놓고 본다면 오프라인 신문이 오히려 온라인 신문보다 더 큰 셈이다.[62] 하지만 동아일보의 경우에는 네 개의 세부 유형 가운데 평균적으로는 두 번째 많이 사용된 것으로 나타난 의문형 제목을 주제은폐형 제목 102 건 가운데 절반에 가까운 46 건이나 채택한 것으로 분석되어 호기심 유발형보다 더 많이 쓴 것으로 드러났다. 중앙일보와 조선일보는 나란히 호기심 유발형에 이어

61〈표3-1〉 참조.
62〈표3-1-1〉 참조.

의문형 제목을 두 번째로 많이 쓰고 있었다. 그러나 사용률에 있어 중앙일보는 의문형 제목 사용이 29 건에 그쳐 호기심 유발형과 현격하게 많은 차이를 보이는 등 신문사 간 편차가 큰 것으로 확인되었다.[63]

말줄임형 제목은 주제은폐형 내에서 평균 16.2%가 보여지고 있으며 중앙일보가 정확하게 20%를 사용하여 가장 높은 활용도를 나타내었다. 동아일보는 12.8%로 활용도가 가장 낮았다.[64] 아직까지는 생소하고 또 어쩌면 가벼워 보일 수도 있는 퀴즈형 제목의 경우에는 3 사 모두 거의 사용하지 않고 있는 것으로 조사되었다.[65]

온라인 신문에서는 오프라인 신문과 달리 주제은폐형 제목의 다양한 유형이 비교적 골고루 쓰이고 있었다. 분석 대상 온라인 신문 3 사 모두 전체 제목 가운데 주제은폐형 제목이 차지하는 비중도 거의 4분의 1에 가까웠으며, 아직까지는 사용이 절제되고 있는 퀴즈형 제목을 제외하면 나머지 세 개 유형이 전반적으로 비슷하게 사용되고 있는 것으로 나타났다.

오프라인의 동아일보와 마찬가지로 동아닷컴이 주제은폐형 제목에 대해 다른 2 개사보다는 다소 폐쇄적인 모습을 보이고 있으며, 1058 건 가운데 196 건의 제목에서 이 유형을 적용하여 사용률은 전체의 18.5%에 그치고 있다. 조인스닷컴은 전체 1082 건의 제목 가운데 30%에 이르는 323 건이 주제은폐형으로서 온라인 신문 3 사 가운데 사용률이 가장 높았으며, 조선닷컴은 989 건의 제목 가운데 217 건을 이 유형으로 채택해 21.9%의 비중을 보여 주었다.[66]

세부 분류별로 살펴보면, 오프라인 신문과 마찬가지로 온라인 신문에서도

63 〈표3-1-2〉 참조.
64 〈표3-1-3〉 참조.
65 〈표3-1-4〉 참조.
66 〈표3-2〉 참조.

역시 주제은폐형 제목 가운데서는 호기심 유발형과 함께 의문형이 가장 많이 사용되고 있음을 알 수 있다. 호기심 유발형과 의문형 제목은 특히 3129 건의 제목 가운데 253 건과 251 건으로 각각 전체의 8%가 넘는 비중을 차지함으로써 두 유형의 사용률 합이 8%대에 머무르고 있는 오프라인 신문과 좋은 대조를 보이고 있다. 하지만 주제은폐형 제목의 네 가지 유형 안에서 차지하는 비중은 두 유형이 각각 34.4%와 34.1%에 그쳐 오프라인 신문의 호기심 유발형 비중 46.8%와 의문형 제목 35.4%에 미치지 못하고 있다. 온라인 신문의 주제은폐형 제목이 얼마나 다양하게 많이 쓰이고 있는가를 단적으로 보여 주고 있는 것이다.

특히 오프라인 신문 가운데 호기심 유발형의 비중이 제일 낮았던 동아일보와 달리 동아닷컴의 경우에는 전체 주제은폐형 제목의 34.7%에서 이 유형을 사용함으로써 온라인 신문 가운데 가장 애용하고 있는 것으로 나타났다. 평균 사용률에서는 호기심 유발형이 근소한 차이로 의문형 제목보다 높은 것으로 나타났지만, 실제로 보면 조인스닷컴에서 압도적으로 많이 사용하여 평균에 영향을 주었을 뿐 조선닷컴과 동아닷컴에서는 의문형 제목이 더 많이 사용되고 있었다. 호기심 유발형은 매우 특이하게도 3 사 모두 주제은폐형 내 사용률이 34%대의 비슷한 비중을 보여주고 있다. 또 의문형 제목 역시 전체 제목 내에서 차지하는 비율이 7~8% 사이에 들어 있어 눈길을 끈다.[67]

말줄임형 제목은 조인스닷컴에서 유난히 많이 쓰이고 있다. 98 건이 사용되고 있는데 이는 전체 1082 건 가운데 9%가 넘는 비율이며, 주제은폐형 내에서도 의문형 제목을 제치고 두 번째로 많이 사용되고 있는 것이다. 반면 동아닷컴의 말줄임형 제목은 36 건에 전체 사용률 3.4%로, 호기심 유발형과 의문형 제

67 〈표3-2-1〉, 〈표3-2-2〉 참조.

목의 각 2분의 1 수준에 불과한 것으로 나타났다.[68]

퀴즈형 제목은 조인스닷컴에서 31 건이 사용되었으며 이는 주제은폐형 내에서 9.6%의 비중을 차지하는 것으로 비교적 활발히 활용되고 있는 것으로 볼 수 있다. 그러나 조선닷컴이나 동아닷컴에서는 거의 사용하지 않고 있었다. 조인스닷컴에서 사용한 31 건은 나머지 온라인 신문 2 개사와 오프라인 신문 3 개사의 퀴즈형 제목을 모두 합한 것의 2 배나 되는 것으로, 분석 당시 시점에서 보면 유독 조인스닷컴에서만 즐겨 활용하고 있어 향후 추이가 궁금해지는 유형이었다.[69]

전체적으로 보면 조인스닷컴이 주제은폐형의 네 가지 유형을 비교적 고르게 사용하고 있었으며, 조선닷컴은 퀴즈형을 제외한 세 개 유형을 골고루 쓰고 있었다. 동아닷컴은 호기심 유발형과 의문형에 많이 편중된 모습을 보여 주었다.

앞에서도 밝힌 바 있지만 주제은폐형 제목은 가장 주목하여야 할 유형이다. 퀴즈형을 제외한 나머지 3 개 유형은 온라인이든 오프라인이든 비교적 고루 쓰이고 있는 것으로 나타났다. 온라인 신문 제목에서 주제은폐형은 전체 제목 유형 가운데 4분의 1 정도를 차지함으로써 이미 정착 단계에 들어선 것으로 볼 수 있다. 특히 퀴즈형과 같이 매우 변형적이며 직접적인데다 단답형의 성격을 띠고 있어 독자들에게 접근하기 힘든 유형의 제목조차도, 비록 조인스닷컴 한 곳이기는 하지만, 전체 주제은폐형 가운데 10% 가까이 채택하며 심심치 않게 사용하고 있어 향후 활용도의 확장 가능성을 시사해 주었다. 오프라인 신문은 주제은폐형의 사용량이 10% 전후에 그치고 있지만 과거 전통적인 제목의 기능에서 많이 벗어나 있는 유형임에도 이만큼 쓰이고 있다는 것은 기대 이상이었다.

68 〈표3-2-3〉 참조.
69〈표3-2-4〉 참조.

2. 신문 지면별로 보는 제목의 유형

그렇다면 오프라인 신문에서 지면의 내용에 따라 더 자주 사용하는 제목의 유형이 있을까? 있다면 어느 면에서 어떤 유형의 제목을 애용할까? 특히 관심이 모아지는 주제은폐형 제목을 즐겨 쓰는 면은 어떤 면일까?

이번에는 지면별 제목 유형을 살펴보기로 한다. 지면 분류는 기본적으로 신문에서 맨 위의 머리 부분에서 분류하여 놓은 대로 따랐다. 정치면은 따로 분류하여 사용하기도 하지만 그 예가 많지 않고 통상 종합면에서 다루고 있어 종합면과 함께 하나로 묶었다. 지역면은 내용상 사회면과 같이 볼 수 있으므로 둘을 역시 하나로 보았다. 가장 고심한 부분은 연예면이다. 연예면을 따로 분류하거나, 문화면과 묶는 방법, 또는 스포츠면과 같이 분류하는 방법을 생각하였다. 그러나 연예면을 따로 떼어 내어 분류하기에는 그 규모가 너무 작아서 일단 제외시켰다. 또 문화면과 묶기에는 둘 사이의 내용이 너무 다르다고 보았다. 문화면이 딱딱하고 침착한 반면 연예면은 경쾌하고 톡톡 튀는 느낌이 강하다. 스포츠면과 묶기에도 무리가 있어 보였다. 연예와 스포츠는 일단 주제가 달라서 마음에 걸렸다. 하지만 결론적으로는 둘을 하나로 묶기로 하였다. 어찌되었든 기사의 내용이 전체적으로 가벼우면서 튀는 제목과 생기발랄한 분위기를 내고 있어 하나로 묶어 제목의 유형을 살펴본다고 하여도 크게 나쁘지는 않을 것으로 판단하였다. 나중에 분석 대상의 표본이 더욱 많아졌을 경우에는 연예면을 따로 분리시켜 보는 것도 좋을 것으로 생각된다. 기타 면은 역시 표본수가 적은 면들을 하나로 묶었다. 바둑면이나 클릭면, 특집면 등이 이에 포함되었으며 각각의 면들에서 공통점을 찾을 수 있지 않아 이번 분석에서는 크게 비중을 두지 않기로 하였다. 역시 이런 면들도 나중에 분석 대상이 많이 늘어나 충분히 독립 가능할 경우에는 따로 떼어 내어 분석해 볼 수 있으면 좋을 것이다.

1) 종합 · 정치면[70]

신문의 종합 · 정치면에서는 정보전달형과 강조형 제목이 주류를 이루고 있었다. 충분히 예견했던 부분이다. 전체 682 개의 제목 가운데 정보전달형이 301 건으로 44.1%, 강조형이 217 건으로 31.8%를 사용하여 두 유형이 차지하는 비율이 76%에 달하고 있었다. 이는 지면의 성격이 뚜렷이 반영되고 있음을 반증한다. 정치면이나 종합면은 멋을 내거나 꾸미기보다는 있는 그대로의 사실만을 뽑아 내어 강조하는 성향이 강하다는 것을 제목의 유형만으로도 충분히 짐작할 수 있겠다. 그러면서도 제목에서 알맹이를 감추어 호기심을 유발시키는 주제은폐형은 전체의 6.6%를 사용함으로써, 가장 건조한 내용을 다루는 종합면이나 정치면에서조차도 적지 않게 활용하고 있음을 알 수 있었다.

매체별로 보면 동아일보가 종합 · 정치면에서 정보전달형 제목을 47.5%의 비율로 가장 많이 사용하였으며, 중앙일보는 강조형 제목의 사용 비율(37.1%)이 제일 높았다. 3 사 모두 주제은폐형 제목의 사용 비율은 6.4~6.7%로 거의 비슷하다. 하지만 그 가운데에서도 동아일보의 종합 · 정치면은 특별히 눈여겨볼 만하다. 동아일보의 종합 · 정치면은 주제은폐형 제목 중에서도 유난히 의문형 제목에 치중되어 있다. 주제은폐형 제목 16 개 가운데 11 개가 의문형 제목으로, 유형 내 비율로만 보면 무려 68.8%나 되며, 전체로 보아도 4.6%의 적지 않은 비중을 차지하고 있다. 이에 반하여 중앙일보와 조선일보의 종합 · 정치면은 퀴즈형을 제외한 나머지 3 개의 주제은폐형 제목을 골고루 사용하고 있어 대조를 보인다.

70 〈표5-1〉 참조.

2) 사회 · 지역면 [71]

사회 · 지역면의 제목 유형은 정보전달형 제목의 사용이 눈에 띈다. 전체 제목 481 개 가운데 248 개 제목이 정보전달형으로서, 유일하게 절반 이상의 사용 빈도를 보여 주고 있다. 사건 사고를 주로 다루는 사회면의 특성을 생각해 보면 어쩌면 당연한 결과일 것이다. 강조형 제목이 25% 이상 쓰이고 있는 것도 마찬가지 이유로 보인다. 특히 사회 · 지역면의 제목 유형에서 가장 특징적인 점을 꼽으라면 은유형 제목의 사용률을 들 수 있을 것 같다. 전체 지면 분류를 통틀어 유일하게 은유형 제목의 사용 비율이 10%에도 미치지 못하고 있다. 이 역시 지면 특성과 관련이 깊다. 돌려서 이야기하기보다는 직설적으로 사실을 전달하고 강조하는 제목, 이것이 사회면의 제목이라고 말할 수 있을 것이다. 그러면서 또 동시에 주제은폐형 제목이 37 개가 쓰여 전체의 7.7%를 차지하고 있다. 그 37 개 가운데 60%에 가까운 22 개가 호기심 유발형으로서, 이 유형이 사건 사고에 걸맞은 제목의 하나로 두각을 드러내는 것은 아닐까 추측을 해 보게 한다.

중앙일보와 동아일보가 사회 · 지역면에서 정보전달형 제목을 각각 55.3%와 56.6%를 사용하며 비슷한 비율을 보인데 반하여, 조선일보는 44.2%에 그쳐 상대적으로 적은 사용률을 보였다. 대신 조선일보는 강조형과 은유형, 그리고 주제은폐형, 그 가운데에서도 특히 호기심 유발형 제목을 많이 쓰는 것으로 나타났다. 조선일보의 사회 · 지역면에서 주제은폐형 제목이 차지하는 비율은 11.1%로 3 사 가운데 혼자서만 두 자릿수의 사용률을 보여 주었다. 반면 동아일보는 은유형 제목이 전체 168 개 가운데 9 개에 불과한 5.4%의 사용률을 나타내면서

71 〈표5-2〉 참조.

두 자릿수의 사용률을 보인 2 개사와 확연한 대조를 보였다. 동아일보는 또한 감탄형과 조어형이 은유형 제목 사용률을 뛰어넘어 독자적인 패턴을 유지하였다. 주제은폐형 제목은 4 개 유형을 합하여 겨우 7 개만을 사용함으로써 전체의 1.8%를 차지하는 데 그쳤다. 동아일보의 사회 · 지역면 제목은 중앙일보나 조선일보에 비하여 특히 정보전달형에 치중하고 있음이 두드러졌다.

3) 국제면[72)]

국제면에서는 관심유도형의 강조형 제목이 정보전달형 제목보다 근소하지만 오히려 더 사용률이 높았다. 전체 187 개 분석 대상 제목에서 강조형을 구사한 제목은 53 개로 28.3%였으며, 정보전달형 제목은 45 개로 24.1%의 사용률에 그쳤다. 가장 많이 사용한 강조형과 정보전달형 제목의 사용 비율이 모두 20%대에 머무른 것에서 알 수 있듯, 국제면의 제목은 다양한 유형이 매우 골고루 쓰이고 있다. 특히 주제은폐형의 호기심 유발형과 의문형 제목의 비율이 각각 10.2%와 10.7%로, 은유형, 조어형과 더불어 10%대의 사용률을 보여 주고 있어 눈길을 끈다. 이 외에 말줄임형과 퀴즈형을 포함한 주제은폐형 제목은 모두 46 개로, 전체 제목의 24.6%나 차지하고 있다. 주제은폐형 제목의 사용률이 20%가 넘는 것은 국제면이 유일하다.

조선일보는 평균치와 비슷하게 강조형 제목이 정보전달형보다 약간 웃도는 수준을 유지하였다. 전체 71 개의 제목 가운데 강조형이 22 개, 사용 비율 31.0%로, 사용량 20 개에 사용률 28.2%를 보인 정보전달형 제목보다 약간 더 사용한 정도

72 〈표5-3〉 참조.

였다. 중앙일보 역시 강조형과 정보전달형 제목 유형의 사용 비율은 5. 7% 포인트 차이밖에 나지 않았지만, 강조형 제목보다 정보전달형 제목의 양이 오히려 많아 전체적인 흐름과는 다소 맞지 않았다. 동아일보는 조선일보나 중앙일보와 달리 강조형 제목을 20 개나 사용하면서 전체 제목 63 개 중 31.8%를 차지하여 11 개의 사용으로 17.5%에 그친 정보전달형 제목을 압도하였다. 정보전달형 제목은 은유형보다도 적게 사용되었다. 특히 의문형 제목이 10 개(15.9%), 호기심 유발형 제목이 9 개(14.3%)나 되는 등 주제은폐형 제목의 사용률이 강조형 제목과 같은 사용률을 보임으로써 관심을 끌었다.

4) 문화면 [73)]

문화면에서도 국제면과 마찬가지로 강조형 제목의 사용 비율이 높았다.그러나 국제면에서는 강조형 다음으로 정보전달형 제목을 많이 사용하고 있는 반면, 문화면에서는 은유형이 그 뒤를 잇고 있는 점이 눈에 띄었다. 강조형 제목은 모든 섹션에서 골고루 많이 사용되고 있는 유형이므로 당연하게 받아들일 수 있겠지만 은유형이 정보전달형 제목을 앞지른 것은 관심을 갖고 지켜볼 대목이다. 이는 문화면에서만 유일하게 보여지는 제목 유형 구도이기도 하다. 더구나 감정이입형 제목이 10% 가까이 사용되어 다른 섹션에서는 볼 수 없는 높은 비중을 나타내었다. 기사의 핵심 알맹이를 가린 주제은폐형 제목도 국제면에 이어 두 번째로 많아, 전체 268 개의 제목 가운데 46 개인 17.2%가 사용되었다. 지면의 특성과 제목 유형의 관련성에 관해서는 따로 떼어 내어 좀 더 깊이 관찰하여 볼 만한 가치가 있어 보인다.

73 〈표5-4〉 참조.

동아일보와 중앙일보는 강조형 제목의 사용률이 30%를 넘으면서 다른 유형의 구사율과는 한눈에 보아도 비교될 정도였지만 조선일보는 조금 차이를 보였다. 조선일보는 강조형과 은유형 제목을 사용한 수가 같았으며, 그 다음으로 많이 쓰인 감탄형이나 정보전달형과도 사용률에 있어서 그다지 큰 차이가 나지 않았다. 조선일보와 동아일보가 근소하나마 감탄형 제목을 정보전달형보다 많이 사용한 데 비하여, 중앙일보는 정보전달형 제목이 감탄형보다 월등히 많아 대조를 이루었다. 3 사 모두 퀴즈형 제목을 제외한 주제은폐형의 나머지 3 개 유형을 비교적 골고루 사용하는 등 다양한 유형의 제목을 구사하고 있음은 눈여겨볼 만 하였다.

5) 연예 · 스포츠면 [74]

연예 · 스포츠면은 지면 특성상 일반적으로 톡톡 튀는 제목이 많은 것으로 보인다. 따라서 주제은폐형이나 은유형 외에도 다양한 유형이 사용될 것으로 예상되었다. 이러한 예상은 그러나 반은 맞고 반은 틀린 것으로 나타났다. 연예 · 스포츠면에서는 예상과 달리 정보전달형 제목이 가장 많이 사용되고 있었다. 이는 특히 스포츠면에서 경기 결과가 제목에 반영되었기 때문인 것으로 보인다. 그 뒤를 이어 강조형과 은유형 제목이 차례대로 많이 쓰였으며, 감탄형에 조어형까지 모두 10% 이상의 사용률을 보이고 있다. 다른 면에서는 사용 빈도가 낮은 상징형과 패러디형, 인용형 제목의 사용률 역시 유일하게 6%대가 나오는 등 모든 유형의 제목을 가장 두루두루 활용하고 있다. 주제은폐형 제목도 예상만큼 자주 사용하지는 않는 것으로 나타났다. 전체 398 개의 제목 가운데 36 개를 이 유형으로 구사하며 9.1%의 사용률을 보였다. 이 정도면 지면별로 볼 때 중간 정도의

74 〈표5-5〉 참조.

사용 빈도라고 볼 수 있다.

기교를 전혀 부리지 않고 사실만을 전달하는 정보전달형 제목은 조선일보가 단연 많았다. 전체 제목 가운데 44.6%에 해당하는 66 개가 정보전달형 제목이었다. 중앙일보와 동아일보는 각각 36.1%와 33.1%의 사용률로 서로 비슷하였다. 반면 조선일보는 은유형과 조어형 제목의 사용률이 타사에 비해 많이 낮은 편이었다. 특히 조어형 제목은 전체 제목 148 개 중 5 개에 불과하여, 중앙일보(전체 108 개 제목 중 19 개)나 동아일보(전체 142 개 제목 중 16 개)와 비교할 때 사용 비율이 현저하게 떨어졌다. 조선일보는 대신 주제은폐형 제목을 즐겨 사용하고 있었으며, 사용률은 10%가 넘는 것으로 나타났다. 중앙일보는 강조형과 은유형, 감탄형, 조어형 제목을 큰 차이 없이 골고루 활용하고 있었으며, 동아일보는 상대적으로 상징형과 패러디형, 인용형 제목을 많이 쓰고 있는 것을 알 수 있었다.

6) 경제면 [75)]

경제면은 정치면, 사회면과 더불어 뉴스의 주요 3 대 축을 이루는 분야이다. 주요 3 대 면들의 특징은 역시 정보전달형 제목이 많다는 점인 듯하다. 한결같이 정보전달형 제목의 비중이 가장 높다. 모두 강조형 제목이 그 뒤를 잇고 있으며, 은유형 제목까지 3 개 유형의 사용 비율이 80%를 넘는다. 다만 경제면은 종합 · 정치, 사회 · 지역면에 비하여 주제은폐형 제목의 활용이 두드러진다. 앞서 살펴본 바대로 종합 · 정치면에서는 전체 682 개의 제목 가운데 6.6%에 해당하는 45 개의 제목만이 주제은폐형을 사용하였으며, 사회 · 지역면에서도 7.7%의 사용률에 그쳤다. 반면 경제면에서는 649 개의 전체 제목 가운데 79 개의 제목

75 〈표5-6〉 참조.

에서 주제은폐형을 쓰고 있어 12.2%의 사용률을 보여 주고 있다. 또한 관심유도형 가운데 많이 사용되지 않는 감탄형 제목부터 인용형 제목에 이르기까지 이른바 비활성 유형의 제목도 주요 3 대 면 중에서는 가장 고르게 활용하고 있는 것으로 나타났다. 이로써 제목만으로 비교하자면, 경제면은 정치면이나 사회면에 비하여 덜 건조하고 덜 딱딱하며, 다양한 기법을 활용하는 유형을 즐겨 쓰고 있는 것으로 보인다.

경제면 제목에서 정보전달형을 가장 자주 구사하고 있는 곳은 조선일보였다. 223 개의 제목에서 절반이 넘는 113 개의 제목이 정보전달형인 것으로 집계되었으며, 대신 강조형 제목은 34 건에 불과하여 3 사 중 사용 비율이 제일 낮은 15.3%를 기록했다. 조선일보의 경제면 제목 유형을 보면 기교나 강조를 최대한 배제하고, 사실을 있는 그대로 꾸밈 없이 전달하고자 하는 의도가 엿보인다. 중앙일보와 동아일보는 적용한 제목의 유형이 거의 비슷하게 나와 흥미로운 결과를 만들어 내었다. 다만 주제은폐형 제목의 활용도에서 중앙일보가 204 개의 제목 중 30 개(14.7%)로 가장 높아 전체 222 개의 제목 가운데 22 개(9.9%)에 그친 동아일보와 대조를 이루었다. 중앙일보는 특히 호기심 유발형 제목의 사용 빈도가 높아 주제은폐형 30 개 중 19 개를 차지하면서 유형 내 사용 비율이 60%를 넘어섰다.

7) 인물면[76)]

인물면의 제목 유형은 매우 편향된 모습을 보여준다. 정보전달형 제목이 절반을 차지하였고, 다른 면과 마찬가지로 강조형, 은유형, 감탄형의 순서로 사용되고 있다. 그러나 거기까지가 거의 전부에 해당한다. 전체 172 개의 제목 가운데

76 〈표5-7〉 참조.

그 네 개 유형을 사용한 제목이 무려 170 개로 99%에 이르는 사용률을 보여 주었다. 관심유도형 제목의 여덟 개 유형 가운데 상징형과, 패러디형, 인용형 제목은 3 사 모두 단 한 건도 사용하지 않았다. 주제은폐형 제목이 14 건으로 8%를 웃도는 사용률을 보이는 것이 의아스러울 정도이다. 인물면은 지면 특성상 아주 단순한 사실 전달의 제목을 많이 달 수밖에 없음이 이러한 제목 유형 분석을 통하여서도 여실히 드러나고 있다.

인물면에서도 역시 중앙일보는 다양한 제목 유형을 시도하고 있다. 지면 특성상 멋을 내거나 묘미를 더하기에는 제약이 있어 전체적인 활용도는 어쩔 수 없이 떨어지지만, 그래도 정보전달형에서 감탄형에 이르기까지 가장 편차 없이 골고루 사용하는 것으로 집계되었다. 당연히 정보전달형 제목이 차지하는 비율도 3 사 중 가장 낮아 40%에도 미치지 못하였다. 정보전달형 제목은 동아일보가 가장 적극적으로 사용하여 전체 제목 67 개 가운데 42 개로 사용률 62.7%를 나타내었다. 주제은폐형 제목 사용 비율은 중앙일보(42 개 중 5 개, 11.9%), 조선일보(63 개 중 5 개, 7.9%), 동아일보(67 개 중 4 개, 6.0%) 순으로 나왔다. 그러나 중앙일보는 호기심 유발형 제목만, 조선일보는 호기심 유발형과 말줄임형 제목만을 사용하고 있는 것에 비하여 동아일보는 의문형을 제외한 나머지 세 개 유형을 골고루 활용하고 있어 사용률과 활용 유형의 범위가 묘한 대조를 보여 주었다.

8) 기타 면

앞서 설명한 바와 같이 바둑면이나 클릭면처럼 단독으로 떼어 분석하기에는 표본의 양이 너무 적은 면들을 함께 묶어 기타 면으로 분류하였다. 그럼에도 불구하고 분석 대상 기간의 전체 제목 수가 116 개에 불과하였다. 그런 이유로 기타 면은 〈표 5-8〉로 구체적인 분석 및 설명을 대신하고자 한다.

〈표〉

〈표 1-1〉 신문별 정보전달형 제목 사용 비율

신문	오프라인				온라인
	중앙일보	조선일보	동아일보	계	
전체건수	910	982	1,061	2,953	3,129
정보전달형 건수	353	422	444	1,219	980
비율	38.79%	42.97%	41.85%	41.28%	31.32%

〈표 1-2〉 온라인 신문별 정보전달형 제목 사용 비율

신문	온라인				오프라인
	조인스닷컴	조선닷컴	동아닷컴	계	
전체건수	1,082	989	1,058	3,129	2,953
정보전달형 건수	292	312	376	980	1,219
비율	26.99%	31.55%	35.54%	31.32%	41.28%

〈표 2-1〉 신문별 관심유도형 제목 사용 비율

신문	오프라인				온라인
	중앙일보	조선일보	동아일보	계	
전체건수	910	982	1,061	2,953	3,129
관심유도형 건수	648	618	728	1,994	2,319
비율	71.21%	62.93%	68.61%	67.52%	74.11%

〈표2-1-1〉 신문별 관심유도형 내 감탄형 제목 사용 비율

신문	오프라인				온라인
	중앙일보	조선일보	동아일보	계	
관심유도형 건수	648	618	728	1,994	2,319
감탄형 건수	98	100	110	308	377
유형내 비율	15.12%	16.18%	15.11%	15.45%	16.26%
전체 비율	10.77%	10.18%	10.37%	10.43%	12.05%

〈표2-1-2〉 신문별 관심유도형 내 강조형 제목 사용 비율

신문	오프라인				온라인
	중앙일보	조선일보	동아일보	계	
관심유도형 건수	648	618	728	1,994	2,319
강조형 건수	257	252	290	799	965
유형내 비율	39.66%	40.78%	39.84%	40.07%	41.61%
전체 비율	28.24%	25.66%	27.33%	27.06%	30.84%

〈표2-1-3〉 신문별 관심유도형 내 은유형 제목 사용 비율

신문	오프라인				온라인
	중앙일보	조선일보	동아일보	계	
관심유도형 건수	648	618	728	1,994	2,319
은유형 건수	140	139	174	453	400
유형내 비율	21.60%	22.49%	23.90%	22.72%	17.25%
전체 비율	15.38%	14.15%	16.40%	15.34%	12.78%

〈표2-1-4〉 신문별 관심유도형 내 감정이입형 제목 사용 비율

신문	오프라인				온라인
	중앙일보	조선일보	동아일보	계	
관심유도형 건수	648	618	728	1,994	2,319
감정이입형 건수	30	38	29	97	134
유형내 비율	4.63%	6.15%	3.98%	4.86%	5.78%
전체 비율	3.30%	3.87%	2.73%	3.28%	4.28%

〈표2-1-5〉 신문별 관심유도형 내 상징형 제목 사용 비율

신문	오프라인				온라인
	중앙일보	조선일보	동아일보	계	
관심유도형 건수	648	618	728	1,994	2,319
상징형 건수	9	18	18	45	84
유형내 비율	1.39%	2.91%	2.47%	2.26%	3.62%
전체 비율	0.99%	1.83%	1.70%	1.52%	2.68%

〈표2-1-6〉 신문별 관심유도형 내 패러디형 제목 사용 비율

신문	오프라인				온라인
	중앙일보	조선일보	동아일보	계	
관심유도형 건수	648	618	728	1,994	2,319
패러디형 건수	12	15	13	40	42
유형내 비율	1.85%	2.43%	1.78%	2.01%	1.81%
전체 비율	1.32%	1.53%	1.23%	1.35%	1.34%

〈표2-1-7〉 신문별 관심유도형 내 인용형 제목 사용 비율

신문	오프라인				온라인
	중앙일보	조선일보	동아일보	계	
관심유도형 건수	648	618	728	1,994	2,319
인용형 건수	6	8	11	25	38
유형내 비율	0.93%	1.29%	1.51%	1.25%	1.64%
전체 비율	0.66%	0.81%	1.04%	0.85%	1.21%

〈표2-1-8〉 신문별 관심유도형 내 조어형 제목 사용 비율

신문	오프라인				온라인
	중앙일보	조선일보	동아일보	계	
관심유도형 건수	648	618	728	1,994	2,319
조어형 건수	96	48	83	227	279
유형내 비율	14.81%	7.77%	11.40%	11.38%	12.03%
전체 비율	10.55%	4.89%	7.82%	7.69%	8.92%

〈표 2-2〉 온라인 신문별 관심유도형 제목 사용 비율

신문	온라인				오프라인
	조인스닷컴	조선닷컴	동아닷컴	계	
전체건수	1,082	989	1,058	3,129	2,953
관심유도형 건수	788	751	780	2,319	1,994
비율	72.83%	75.94%	73.72%	74.11%	67.52%

〈표2-2-1〉 온라인 신문별 관심유도형 내 감탄형 제목 사용 비율

신문	온라인				오프라인
	조인스닷컴	조선닷컴	동아닷컴	계	
관심유도형 건수	788	751	780	2,319	1,994
감탄형 건수	129	126	122	377	308
유형내 비율	16.37%	16.78%	15.64%	16.26%	15.45%
전체 비율	11.92%	12.74%	11.53%	12.05%	10.43%

〈표2-2-2〉 온라인 신문별 관심유도형 내 강조형 제목 사용 비율

신문	온라인				오프라인
	조인스닷컴	조선닷컴	동아닷컴	계	
관심유도형 건수	788	751	780	2,319	1,994
강조형 건수	297	329	339	965	799
유형내 비율	37.69%	43.81%	43.46%	41.61%	40.07%
전체 비율	27.45%	33.27%	32.04%	30.84%	27.06%

〈표2-2-3〉 온라인 신문별 관심유도형 내 은유형 제목 사용 비율

신문	온라인				오프라인
	조인스닷컴	조선닷컴	동아닷컴	계	
관심유도형 건수	788	751	780	2,319	1,994
은유형 건수	123	142	135	400	453
유형내 비율	15.61%	18.91%	17.31%	17.25%	22.72%
전체 비율	11.37%	14.36%	12.76%	12.78%	15.34%

〈표2-2-4〉 온라인 신문별 관심유도형 내 감정이입형 제목 사용 비율

신문	온라인				오프라인
	조인스닷컴	조선닷컴	동아닷컴	계	
관심유도형 건수	788	751	780	2,319	1,994
감정이입형 건수	58	41	35	134	97
유형내 비율	7.36%	5.46%	4.49%	5.78%	4.86%
전체 비율	5.36%	4.15%	3.31%	4.28%	3.28%

〈표2-2-5〉 온라인 신문별 관심유도형 내 상징형 제목 사용 비율

신문	온라인				오프라인
	조인스닷컴	조선닷컴	동아닷컴	계	
관심유도형 건수	788	751	780	2,319	1,994
상징형 건수	39	25	20	84	45
유형내 비율	4.95%	3.33%	2.56%	3.62%	2.26%
전체 비율	3.60%	2.53%	1.89%	2.68%	1.52%

〈표2-2-6〉 온라인 신문별 관심유도형 내 패러디형 제목 사용 비율

신문	온라인				오프라인
	조인스닷컴	조선닷컴	동아닷컴	계	
관심유도형 건수	788	751	780	2,319	1,994
패러디형 건수	14	11	17	42	40
유형내 비율	1.78%	1.46%	2.18%	4.39%	2.01%
전체 비율	1.29%	1.11%	1.61%	1.34%	1.35%

〈표2-2-7〉 온라인 신문별 관심유도형 내 인용형 제목 사용 비율

신문	온라인				오프라인
	조인스닷컴	조선닷컴	동아닷컴	계	
관심유도형 건수	788	751	780	2,319	1,994
인용형 건수	9	15	14	38	25
유형내 비율	1.14%	2.00%	1.79%	1.64%	1.25%
전체 비율	0.83%	1.52%	1.32%	1.21%	0.85%

〈표2-2-8〉 온라인 신문별 관심유도형 내 조어형 제목 사용 비율

신문	온라인				오프라인
	조인스닷컴	조선닷컴	동아닷컴	계	
관심유도형 건수	788	751	780	2,319	1,994
조어형 건수	119	62	98	279	227
유형내 비율	15.10%	8.26%	12.56%	12.03%	11.38%
전체 비율	11.00%	6.27%	9.26%	8.92%	7.69%

〈표 3-1〉 신문별 주제은폐형 제목 사용 비율

신문	오프라인				온라인
	중앙일보	조선일보	동아일보	계	
전체건수	910	982	1,061	2,953	3,129
주제은폐형 건수	105	107	102	314	736
비율	11.54%	10.90%	9.61%	10.63%	23.52%

〈표3-1-1〉 신문별 주제은폐형 내 호기심 유발형 제목 사용 비율

신문	오프라인				온라인
	중앙일보	조선일보	동아일보	계	
주제은폐형 건수	105	107	102	314	736
호기심 유발형 건수	53	53	41	147	396
유형내 비율	50.48%	49.53%	40.20%	46.82%	34.38%
전체 비율	5.82%	5.40%	3.86%	4.98%	8.09%

〈표3-1-2〉 신문별 주제은폐형 내 의문형 제목 사용 비율

신문	오프라인				온라인
	중앙일보	조선일보	동아일보	계	
주제은폐형 건수	105	107	102	314	736
의문형 건수	29	36	46	111	251
유형내 비율	27.62%	33.64%	45.10%	35.35%	34.10%
전체 비율	3.19%	3.67%	4.34%	3.76%	8.02%

〈표3-1-3〉 신문별 주제은폐형 내 말줄임형 제목 사용 비율

신문	오프라인				온라인
	중앙일보	조선일보	동아일보	계	
주제은폐형 건수	105	107	102	314	736
말줄임형 건수	21	17	13	51	190
유형내 비율	20.00%	15.89%	12.75%	16.24%	25.82%
전체 비율	2.31%	1.73%	1.23%	1.73%	6.07%

〈표3-1-4〉 신문별 주제은폐형 내 퀴즈형 제목 사용 비율

신문	오프라인				온라인
	중앙일보	조선일보	동아일보	계	
주제은폐형 건수	105	107	102	314	736
퀴즈형 건수	2	1	2	5	42
유형내 비율	1.90%	0.93%	1.96%	1.59%	5.71%
전체 비율	0.22%	0.10%	0.19%	0.17%	1.34%

〈표 3-2〉 온라인 신문별 주제은폐형 제목 사용 비율

신문	온라인				오프라인
	조인스닷컴	조선닷컴	동아닷컴	계	
전체건수	1,082	989	1,058	3,129	2,953
주제은폐형 건수	323	217	196	736	314
비율	29.85%	21.94%	18.53%	23.52%	10.63%

〈표3-2-1〉 온라인 신문별 주제은폐형 내 호기심 유발형 제목 사용 비율

신문	온라인				오프라인
	조인스닷컴	조선닷컴	동아닷컴	계	
주제은폐형 건수	788	751	780	2,319	1,994
호기심 유발형 건수	111	74	68	253	147
유형내 비율	34.37%	34.10%	34.69%	34.38%	46.82%
전체 비율	10.26%	7.48%	6.43%	8.09%	4.98%

〈표3-2-2〉 온라인 신문별 주제은폐형 내 의문형 제목 사용 비율

신문	온라인				오프라인
	조인스닷컴	조선닷컴	동아닷컴	계	
주제은폐형 건수	788	751	780	2,319	1,994
의문형 건수	83	82	86	251	111
유형내 비율	25.70%	37.79%	43.88%	34.10%	35.35%
전체 비율	7.67%	8.29%	8.13%	8.02%	3.76%

〈표3-2-3〉 온라인 신문별 주제은폐형 내 말줄임형 제목 사용 비율

신문	온라인				오프라인
	조인스닷컴	조선닷컴	동아닷컴	계	
주제은폐형 건수	788	751	780	2,319	1,994
말줄임형 건수	98	56	36	190	51
유형내 비율	30.34%	25.81%	18.37%	25.82%	16.24%
전체 비율	9.06%	5.66%	3.40%	6.07%	1.73%

〈표3-2-4〉 온라인 신문별 주제은폐형 내 퀴즈형 제목 사용 비율

신문	온라인				오프라인
	조인스닷컴	조선닷컴	동아닷컴	계	
주제은폐형 건수	788	751	780	2,319	1,994
퀴즈형 건수	31	5	6	42	5
유형내 비율	9.60%	2.30%	3.06%	5.71%	1.59%
전체 비율	2.87%	0.51%	0.57%	1.34%	0.17%

〈표4〉 매체별 제목 유형 비교

매체		중앙일보	조선일보	동아일보	조인스닷컴	조선닷컴	동아닷컴
전체		910	982	1061	1082	989	1058
정보전달형		353	422	444	292	312	376
관심유도형	감탄형	98	100	110	129	126	122
	강조형	257	252	290	297	329	339
	은유형	140	139	174	123	142	135
	감정이입형	30	38	29	58	41	35
	상징형	9	18	18	39	25	20
	패러디형	12	15	13	14	11	17
	인용형	6	8	11	9	15	14
	조어형	96	48	83	119	62	98
주제은폐형	호기심 유발형	53	53	41	111	74	68
	의문형	29	36	46	83	82	86
	말줄임형	21	17	13	98	56	36
	퀴즈형	2	1	2	31	5	6

〈표5-1〉 오프라인 신문별 종합-정치면 제목 유형 비교

매체		중앙일보	조선일보	동아일보	계	비율
전체		210	234	238	682	
정보전달형		84	104	113	301	44.13%
관심유도형	감탄형	16	14	15	45	6.60%
	강조형	78	71	68	217	31.82%
	은유형	23	29	31	83	12.17%
	감정이입형	3	8	5	16	2.35%
	상징형	2	6	2	10	1.47%
	패러디형	2	0	0	2	0.29%
	인용형	0	3	3	6	0.88%
	조어형	19	12	18	49	7.18%
주제은폐형	호기심 유발형	4	6	3	13	1.91%
	의문형	6	5	11	22	3.23%
	말줄임형	4	4	2	10	1.47%
	퀴즈형	0	0	0	0	0.00%

〈표5-2〉 오프라인 신문별 사회-지역면 제목 유형 비교

매체		중앙일보	조선일보	동아일보	계	비율
전체		132	181	168	481	
정보전달형		73	80	95	248	51.56%
관심유도형	감탄형	9	20	14	43	8.94%
	강조형	28	51	45	124	25.78%
	은유형	15	22	9	46	9.56%
	감정이입형	3	3	4	10	2.08%
	상징형	1	3	3	7	1.47%
	패러디형	3	3	0	6	1.25%
	인용형	0	0	1	1	0.21%
	조어형	9	8	10	27	5.61%
주제은폐형	호기심 유발형	8	11	3	22	4.57%
	의문형	0	6	2	8	1.66%
	말줄임형	1	3	2	6	1.25%
	퀴즈형	1	0	0	1	0.21%

〈표5-3〉 오프라인 신문별 국제면 제목 유형 비교

매체		중앙일보	조선일보	동아일보	계	비율
전체		53	71	63	187	
정보전달형		14	20	11	45	24.06%
관심유도형	감탄형	8	4	6	18	9.63%
	강조형	11	22	20	53	28.34%
	은유형	11	9	12	32	17.11%
	감정이입형	1	3	3	7	3.74%
	상징형	1	2	2	5	2.67%
	패러디형	0	3	1	4	2.14%
	인용형	0	0	2	2	1.07%
	조어형	7	5	9	21	11.23%
주제은폐형	호기심 유발형	4	6	9	19	10.16%
	의문형	4	6	10	20	10.70%
	말줄임형	3	2	1	6	3.21%
	퀴즈형	1	0	0	1	0.53%

〈표5-4〉 오프라인 신문별 문화면 제목 유형 비교

매체		중앙일보	조선일보	동아일보	계	비율
전체		117	49	102	268	
정보전달형		23	10	20	53	19.78%
관심유도형	감탄형	13	11	24	48	17.91%
	강조형	37	13	34	84	31.34%
	은유형	25	13	25	63	23.51%
	감정이입형	11	7	8	26	9.70%
	상징형	3	1	1	5	1.87%
	패러디형	2	1	0	3	1.12%
	인용형	0	0	0	0	0.00%
	조어형	11	1	6	18	6.72%
주제은폐형	호기심 유발형	8	5	6	19	7.09%
	의문형	7	3	5	15	5.60%
	말줄임형	7	2	3	12	4.48%
	퀴즈형	0	0	0	0	0.00%

〈표5-5〉 오프라인 신문별 연예-스포츠면 제목 유형 비교

매체		중앙일보	조선일보	동아일보	계	비율
전체		108	148	142	398	
정보전달형		39	66	47	152	38.19%
관심유도형	감탄형	18	23	16	57	14.32%
	강조형	28	39	38	105	26.38%
	은유형	23	24	38	85	21.36%
	감정이입형	4	4	3	11	2.76%
	상징형	1	0	4	5	1.26%
	패러디형	3	4	7	14	3.52%
	인용형	1	2	2	5	1.26%
	조어형	19	5	16	40	10.05%
주제은폐형	호기심 유발형	4	6	6	16	4.02%
	의문형	2	6	5	13	3.27%
	말줄임형	1	3	1	5	1.26%
	퀴즈형	0	1	1	2	0.50%

〈표5-6〉 오프라인 신문별 경제면 제목 유형 비교

매체		중앙일보	조선일보	동아일보	계	비율
전체		204	223	222	649	
정보전달형		82	113	89	284	43.76%
관심유도형	감탄형	19	20	20	59	9.09%
	강조형	55	34	59	148	22.80%
	은유형	30	30	42	102	15.72%
	감정이입형	6	8	5	19	2.93%
	상징형	1	6	5	12	1.85%
	패러디형	2	2	4	8	1.23%
	인용형	4	3	3	10	1.54%
	조어형	23	13	19	55	8.47%
주제은폐형	호기심 유발형	19	16	9	44	6.78%
	의문형	9	10	12	31	4.78%
	말줄임형	2	1	1	4	0.62%
	퀴즈형	0	0	0	0	0.00%

〈표5-7〉 오프라인 신문별 인물면 제목 유형 비교

매체		중앙일보	조선일보	동아일보	계	비율
전체		42	63	67	172	
정보전달형		16	28	42	86	50.00%
관심유도형	감탄형	9	6	7	22	12.79%
	강조형	11	16	11	37	21.51%
	은유형	6	10	9	25	14.53%
	감정이입형	2	4	1	7	4.07%
	상징형	0	0	0	0	0.00%
	패러디형	0	0	0	0	0.00%
	인용형	0	0	0	0	0.00%
	조어형	3	3	1	7	4.07%
주제은폐형	호기심 유발형	5	3	2	10	5.81%
	의문형	0	0	0	0	0.00%
	말줄임형	0	2	1	3	1.74%
	퀴즈형	0	0	1	1	0.58%

〈표5-8〉 오프라인 신문별 기타 면 제목 유형 비교

매체		중앙일보	조선일보	동아일보	계	비율
전체		44	13	59	116	
정보전달형		22	1	27	50	43.10%
관심유도형	감탄형	6	2	8	16	13.79%
	강조형	9	6	15	30	25.86%
	은유형	7	2	8	17	14.66%
	감정이입형	0	1	0	1	0.86%
	상징형	0	0	1	1	0.86%
	패러디형	0	2	1	3	2.59%
	인용형	1	0	0	1	0.86%
	조어형	5	1	4	10	8.62%
주제은폐형	호기심 유발형	1	0	3	4	3.45%
	의문형	1	0	1	2	1.72%
	말줄임형	3	0	2	5	4.31%
	퀴즈형	0	0	0	0	0.00%

〈참고 문헌〉

- 2020 미디어위원회 실행위원회. '한국의 뉴스미디어 2006 – 한국 저널리즘과 뉴스미디어에 대한 연차보고서' (한국언론재단, 2006)
- 고려대학교 언론학부 · 삼성언론재단. '저널리즘의 취재와 편집의 미래' (삼성언론재단, 2009)
- 구본권. '인터넷에서는 무엇이 뉴스가 되나 : 인터넷 언론의 게이트키핑 구조' (커뮤니케이션북스, 2005)
- 권우진. '신문 표제어에 대한 사회언어학적 연구' (사회언어학 제 10권 2호, 2002)
- 김강석. '미디어 대충돌 : 한국 미디어의 권력 이동' (노마드북스, 2007)
- 김경희. '인터넷 뉴스 이용자의 정보처리 지속에 관한 연구' (언론과 사회 제 9권 1호, 2000)
- 김경희. '포털 뉴스의 의제설정과 뉴스가치 – 포털 뉴스와 인쇄신문의 비교 분석' (한국언론학보 제 52권 3호, 2008)
- 김경희. '한국 사회와 인터넷 저널리즘' (한울아카데미, 2009)
- 김민환. '《민족일보》 1면 머리기사 제목 내용분석' (커뮤니케이션과학, 2005)
- 김사승. '인터넷이 신문저널리즘에 미친 영향에 대한 기자들의 인식 연구 : 신문저널리즘의 취재 보도활동 차원에서' (한국언론학보 제 48-1호)
- 김영주. '포털 비즈니스의 성과와 미래' (한국언론재단, 2008)
- 김익현. '웹 2.0 시대의 온라인 미디어' (KT문화재단, 2006)
- 김인자. '조어와 텍스트의 상호작용에 대하여' (텍스트언어학 제 1권, 1993)
- 김혜정. '신문 표제어의 텍스트 양상 연구 – 명사 造語와 생략 현상을 중심으로 –' (先淸語文 제 25호, 1997)
- 김홍범 · 박동근. '신문 기사 제목에 쓰인 상징어의 분석' (배달말 29호, 2001)
- 김희진. '신문 헤드라인 뽑는 법' (커뮤니케이션북스, 2000)
- 박광순 · 안종묵. '포털사이트 프론트(front)페이지 뉴스의 특성에 관한 연구 : 연성/경성뉴스, 소제목, 하이퍼링크, 뉴스원을 중심으로 (한국언론학보 제50권 6호, 2006)
- 박금자. '일간신문 제목에 나타나는 응집성, 패러디, 생략 현상' (텍스트언어학 제 7권, 1999)
- 박금자. '인터넷미디어 읽기 : 인터넷미디어와 신문의 미래' (커뮤니케이션북스, 2001)
- 박희석. '주목도가 높은 포털뉴스 특성 연구 – 미디어다음과 네이버뉴스 기사의 제목을 중심으로 – ' (한양대학교 언론정보대학원 석사학위논문, 2006)
- 박희석. '클릭을 부르는 인터넷 뉴스 헤드라인' (커뮤니케이션북스, 2007)

- 백선기 · 최민재 · 김위근. '인터넷 공간의 진화와 미디어 콘텐츠' (커뮤니케이션북스, 2007)
- 손석춘. '신문 읽기의 혁명' (개마고원, 2003)
- 윤영철. '온라인 저널리즘과 뉴스 패러다임의 변화' (사이버 커뮤니케이션 학보 통권 제 7호, 2001)
- 이상길. '언어의 분열, 분열의 언어 : 1987년 이후의 미디어 권력' (당대비평 제 24호, 2003)
- 이선묵. '일간신문과 대중신문의 표제어에 나타난 생략현상' (텍스트언어학, 제 1권, 1994)
- 이준웅. '프레임, 해석 그리고 커뮤니케이션 효과' (언론과 사회 통권 제 29호, 2000)
- 이준웅 · 양승목 · 김규찬 · 송현주. '기사 제목에 포함된 직접인용부호 사용의 문제점과 원인' (한국언론학보 제 51권 3호, 2007)
- 임준수. '신문은 편집이다' (나남출판, 1995)
- 전병선. '헤드라이닝 – 신문 제목달기의 원칙과 기술' (커뮤니케이션북스, 2004)
- 정여훈. '신문 제목의 유형 및 그 실현 양상'(사회언어학 제 14권 1호, 2006)
- 정용기. '한글+漢字문화 칼럼 : 新聞 題目語의 억지 造語' (한글한자문화, 2005)
- 정태철. '제목소비자의 증가와 신문제목의 이해도' (한국언론학보 제 33호, 1995)
- 조갑제. '나는 글쓰기가 너무나 쉽다' (조갑제닷컴, 2007)
- 조수선. '온라인 신문의 편집 효과 연구' (미디어연구소, 2004)
- 조수선. '온라인 신문 기사의 제목과 개요 효과' (한국언론학보 제 49권 2호, 2005)
- 조원형. '신문 기사 중간제목의 유형과 기능에 관한 연구 – 〈한겨레〉 2006년 2월치 기사를 대상으로 – ' (텍스트언어학 제 20권, 2006)
- 최진순. '한국 신문의 뉴미디어 혁신' (박문각, 2006)
- 최진우. '新聞表題와 news性 – 表題의 本質과 그 表現構造의 分析 –' (신문학보 제 6집, 1973)
- 최창식. '한국 근대신문의 기사제목 변화 연구 : 독립신문, 대한매일신보, 동아일보를 중심으로' (한국언론학회 심포지움 및 세미나 한국언론학회 2007년도 대학원생 컨퍼런스, 2007)
- 한국언론재단. '2008 언론수용자 의식조사' (2008)
- 한국온라인신문협회. '온라인 신문, 경쟁과 생존 – 한국의 온라인미디어 10년의 현장 전략' (커뮤니케이션북스, 2006)
- 한국편집기자협회. '신문, 세상을 편집하라 – 신문편집의 이론과 실제' (2006)
- 황용석. '인터넷언론과 법' (한국언론재단, 2004)
- Percy H. Tannenbaum. 'The Effect of Headlines on the Interpretation of News Stories' (Journalism Quarterly Vol. 30, 1953)